Angelika Gajkowski

Alltagstauglich

Polnisch

Die wichtigsten Sätze zum Mitreden

Hueber Verlag

Ein kostenloser MP3-Download zum Buch ist unter www.hueber.de/audioservice erhältlich.

3 2. 1. | Die letzten Ziffern
2018 17 16 15 14 | bezeichnen Zahl und Jahr des Druckes.
Alle Drucke dieser Auflage können, da unverändert, nebeneinander benutzt werden.
1. Auflage

Umschlaggestaltung: creative partners gmbh, München
Coverfoto: © Thinkstock / Comstock Images
Co-Autor: John Stevens, Bad Münstereifel
Illustrationen: © Adrian Sonnberger, www.die-illustration.de
Redaktion: Susanne Brudermüller, www.susanne-brudermueller.de
Layout und Satz: Sieveking • Agentur für Kommunikation, München
Druck und Bindung: Firmengruppe APPL, aprinta druck, Wemding
Printed in Germany
ISBN 978-3-19-607932-6

Art. 530_09394_001_01

EINFÜHRUNG

Gekonnt und sicher mitreden in vielen Alltagssituationen: Das bietet Ihnen Alltagstauglich Polnisch. Hier finden Sie zu vielen gängigen Gesprächsthemen idiomatisch richtige Wendungen, Fragen und Antworten, um eine Unterhaltung auf Polnisch leicht beginnen und flüssig fortführen zu können. Das Buch eignet sich zum Selbststudium, zur Auffrischung oder Verbesserung der Polnischkenntnisse sowie als Begleiter auf Reisen.

Einen Überblick über die behandelten Themen bieten die folgenden zwei Seiten. Jedes Hauptkapitel (A, B, C ...) enthält vier zum Thema passende Unterkapitel (1, 2, 3, 4 ...). Die Unterkapitel sind tabellarisch (Polnisch – Deutsch) aufgebaut und nehmen je eine Doppelseite ein. In der Randspalte finden Sie Hinweise zum Sprachgebrauch. Am Ende eines jeden Unterkapitels erfahren Sie unter der Rubrik „Gut zu wissen!“ allerhand Interessantes zu Sprache, Landeskunde und kulturellen Unterschieden.

Die wichtigsten Dos & Don'ts für ein gelungenes Gespräch (Umschlaginnenseite vorne), Hinweise zur Körpersprache (ab S. 110), eine kurze Grammatik-Übersicht zu „du“, „Sie“ und „ihr“ und den entsprechenden Verbformen (S. 112) sowie eine Anleitung zum Buchstabieren (Umschlaginnenseite hinten) runden das Werk ab.

Ein kostenloser MP3-Download zu allen Wendungen und Sätzen ist unter www.hueber.de/audioservice erhältlich. So können Sie die richtige Aussprache trainieren und ganz einfach unterwegs lernen und üben.

Ein paar weitere Hinweise zum Lernen mit diesem Buch:

- Das in den Beispielsätzen jeweils angegebene Personalpronomen bzw. die entsprechende Verbform (z. B. „masz“ = du hast) ist selbstverständlich austauschbar (z. B. mit „ma“ = Sie haben). Eine kurze Grammatikhilfe hierzu finden Sie auf S. 112.
- Die deutschen Texte stellen meist idiomatische Entsprechungen dar und keine wortwörtlichen Übersetzungen.
- Verwendete Symbole: (m) bezeichnet die Form für den männlichen Sprecher, (f) die Form für die weibliche Sprecherin (sofern die Unterscheidung benötigt wird). Wird ein Mann angesprochen, so ist dies mit ♂ gekennzeichnet, wird eine Frau angesprochen, so wird ♀ verwendet.
- In *kursiver Schrift* werden alternative Begriffe bzw. Ausdrücke dargestellt.

Viel Erfolg wünschen Autorin und Verlag!

A

Begrüßen, Vorstellen und Verabschieden

Polnische Nachnamen enden oft auf *-ski*, *-cki*, oder auch *-dzki*. Diese Namen besitzen männliche und weibliche Formen, wie z. B. *pan Kwiatkowki / pani Kwiatkowska*. Auch im Plural werden diese Nachnamen dekliniert: *państwo Kwiatkowscy*. Nachnamen, die mit einem Konsonanten enden, haben nur eine Form für beide Geschlechter, wie z. B. *pan / pani Nowak*.

1 Pierwsze spotkanie

Die erste Begegnung

Pan Kowalski / Pani Kowalska?	*Herr Kowalski / Frau Kowalska?*
Przepraszam, czy pan Nowak?	Entschuldigung, sind Sie Herr Nowak?
♂ Pan / ♀ Pani musi być *panem Bratkowskim / panią Bratkowską.*	Sie müssen *Herr Bratkowski / Frau Bratkowska* sein.
Dzień dobry. / Witam.	*Guten Tag. / Hallo.*
Dobry wieczór.	Guten Abend.
Miło mi / Bardzo się cieszę, że mogę ♂ pana / ♀ panią poznać.	*Nett / Freut mich,* Sie kennenzulernen.
To miłe, że (nareszcie) możemy spotkać się osobiście.	Es ist schön, Sie (endlich) persönlich zu treffen.
Witamy w Niemczech.	Willkommen in Deutschland.
Proszę mówić mi Marta.	Bitte nennen Sie mich Marta.
Czy mogę mówić do pani Marta?	Darf ich Marta zu Ihnen sagen?
Tak, oczywiście. Jestem Adam.	Ja, gerne. Ich bin Adam.
Dziękuję, że ♂ przyjechał pan / ♀ przyjechała pani po mnie.	Danke, dass Sie mich abholen kommen.
Nie ma problemu. / Nie ma za co. / To dla mnie żaden problem.	*Kein Problem. / Gern geschehen. / Gerne.*
Jak minął lot?	Wie war Ihr Flug?
Jak minęła podróż?	Wie war die Reise?

Było małe opóźnienie.	Wir hatten etwas Verspätung.
Był problem z ...	Es gab ein Problem mit ...
Wszystko było w porządku.	Alles ist gut gelaufen.
Czy mogę pomóc ♂ panu / ♀ pani z bagażem?	Kann ich Ihnen mit dem Gepäck helfen?
Wspaniale, dziękuję.	Das wäre toll, danke.
Dziękuję, to bardzo miłe.	Danke, das ist sehr freundlich.
(Nie) dziękuję. Dam sobie radę.	Danke (nein). Ich schaffe das schon.
Możemy iść?	Wollen wir gehen?
Tędy proszę. To niedaleko.	Hier (ent)lang, es ist nicht weit.
Weźniemy taksówkę.	Wir nehmen ein Taxi.
Musimy pojechać *pociągiem / autobusem.*	Wir müssen *die Bahn / den Bus* nehmen.
To około ... minut drogi stąd.	Es sind etwa ... Minuten von hier.
Potrzebujemy *pół godziny / godzinę.*	Wir brauchen *eine halbe Stunde / eine Stunde.*
Mój samochód stoi tuż *przed drzwiami / przed wejściem.*	Mein Auto steht direkt *vor der Tür / vor dem Eingang.*
Parkuję *na parkingu / w garażu.*	Ich parke *auf dem Parkplatz / im Parkhaus.*

Zum *bagaż* gehört im Polnischen u. a.: *walizka* (Koffer), *torba podróżna* (Reisetasche) oder auch *plecak* (Rucksack).

Gut zu wissen!
Spricht man auf Polnisch jemanden an, den man nicht näher kennt, benutzt man die höfliche Anredeform *Proszę pana* (Herr ...) / *Proszę pani* (Frau ...), ohne dabei den Familiennamen zu gebrauchen. Die Anredeform mit dem Nachnamen gilt als sehr förmlich. Wenn Sie jemanden bereits kennen, aber nicht duzen wollen oder können, so ist es besser, die Anredeform mit dem Vornamen zu benutzen (im Vokativ), also z. B. *pani Anno* (Frau Anna) / *panie Tomaszu* (Herr Tomasz).

A

Begrüßen, Vorstellen und Verabschieden

In Polen bedeutet *cześć* sowohl „hallo" als auch „tschüss".

Und wenn es mal nicht so gut läuft, dann sagt man *No cóż, jakoś leci.* (Naja, es geht.) zu Bekannten und Freunden. Oder: *Ach, niezbyt dobrze.* (Ach, nicht so gut.) zum Chef oder zu einer Person, die man nicht so gut kennt.

2 Ponowne spotkanie
Sich wieder treffen

Witaj / Cześć Tomek!	Hallo Tomek!
Miło cię znów widzieć.	Schön, dich wiederzusehen.
Wzajemnie. / Ciebie też.	*Ebenso. / Dich auch.*
Jak idzie? / Jak leci?	Wie geht's?
Jak się masz?	Wie geht's denn so?
Dobrze. / Super.	*Gut. / Super.*
Długo cię (m) nie widziałem / (f) nie widziałam.	Lange nicht gesehen.
Dużo czasu minęło.	Es ist schon lange her.
Ile to już czasu?	Wie lange ist das her?
Ostatnio spotkaliśmy się …	Das letzte Mal war …
Wcale się ♂ nie zmieniłeś / ♀ nie zmieniłaś.	Du hast dich überhaupt nicht verändert.
Dziwi mnie, że mnie w ogóle jeszcze poznajesz.	Mich wundert's, dass du mich überhaupt noch wiedererkennst.
(m) *Zgubiłem kilka włosów. /* (m) *Przybrałem trochę na wadze.*	Ich habe *ein paar Haare verloren / ein bisschen zugenommen.*
♂ Schudłeś. / ♀ Schudłaś.	Du hast abgenommen.
Inaczej nosisz włosy.	Du trägst die Haare anders.
Do twarzy ci w tym.	Es steht dir.
Wspaniale wyglądasz.	Du siehst toll aus.
A więc *mnie / nas* ♂ znalazłeś / ♀ znalazłaś.	Du hast also noch zu *mir / uns* gefunden.
Było trudno tu dotrzeć?	War's schwierig, hierher zu finden?

Naprawdę bardzo się cieszę, że znów cię widzę.	Es ist wirklich schön, dich wiederzusehen.
Bardzo się cieszę, że nasze spotkanie doszło do skutku.	Ich freue mich wirklich sehr, dass es mit unserem Treffen geklappt hat.
Nawet nie wiesz, jak bardzo mi ciebie brakowało.	Ich kann dir gar nicht sagen, wie sehr du mir gefehlt hast.
Co tam nowego słychać?	Gibt's was Neues?
Dużo się pozmieniało.	Es hat sich viel getan.
W zasadzie nic się nie zmieniło.	Es ist eigentlich alles beim Alten geblieben.
Co nowego u Julii?	Wie geht es Julia?
Jak się mają Martin i Sandra?	Wie geht es Martin und Sandra?
Ania cieszy się (bardzo), że będzie mogła cię *znów zobaczyć / poznać.*	Ania freut sich (sehr) darauf, dich *wiederzusehen / kennenzulernen.*
Jest ktoś, kto bardzo chciałby cię poznać.	Es gibt jemanden, der es kaum erwarten kann, dich kennenzulernen.
To wszystko wydaje mi się znajome.	Das kommt mir alles sehr bekannt vor.
To wszystko inaczej teraz wygląda.	Das alles ist jetzt anders.

Der Ausdruck *dojść do skutku* wird im Polnischen sehr oft gebraucht und bedeutet, dass das entsprechende Vorhaben (ein Treffen, ein Projekt) realisiert worden ist.

Gut zu wissen!
Die Polen pflegen eine enge Bindung zur ihren Vornamen. Für einige von ihnen gibt es zahlreiche Verkleinerungsformen, die auf einer langen Tradition beruhen oder Ausdruck der Gefühle sind, welche man den Angeredeten entgegenbringt.
Wenn eine Frau auf den Vornamen *Maria* hört, kann es sein, dass sie von ihren Verwandten oder Bekannten *Marysia, Maryśka, Maryla* oder auch *Mańka* gerufen wird.
Der Namenstag ist für einige Polen fast wichtiger als der eigene Geburtstag. Entsprechend groß wird er gefeiert.

A

Begrüßen, Vorstellen und Verabschieden

Wenn man von Personen spricht, die man nicht näher kennt, sollte man dem Namen auf jeden Fall die Höflichkeitsformel *pan / pani*, bei mehreren Personen *państwo* voranstellen: *To jest* ***pan*** *Antoni Lis.*

Zu festen Partnern sagt man *partner życiowy / partnerka życiowa* oder – weniger förmlich – *przyjaciel / przyjaciółka*. Als *przyjaciel / przyjaciółka* bezeichnet man aber auch den besten Freund / die beste Freundin.

3 Przedstawiamy się nawzajem
Sich untereinander bekannt machen

Czy zna ♂ pan / ♀ pani mojego męża Adama?	Kennen Sie meinen Mann Adam?
Czy ♂ poznał pan / ♀ poznała pani już moją koleżankę Annę?	Haben Sie schon meine Kollegin Anna kennengelernt?
Znasz tu kogoś?	Kennst du hier irgendjemanden?
Chodź, przedstawię ci Annę.	Komm, ich stelle dir Anna vor.
Czy mogę przedstawić ♂ panu / ♀ pani Tomasza Lewandowskiego?	Darf ich Ihnen Tomasz Lewandowski vorstellen?
To jest Marcin Boniek.	Das ist Marcin Boniek.
To są Rebecca i Jan.	Das sind Rebecca und Jan.
To jest …	Das ist …
… mój partner / moja partnerka.	*… mein Partner / meine Partnerin.*
… mój mąż / moja żona.	*… mein Mann / meine Frau.*
… mój syn / moja córka.	*… mein Sohn / meine Tochter.*
… mój przyjaciel / moja przyjaciółka.	*… mein (fester) Freund / meine (feste) Freundin.*
On jest / Ona jest …	*Er ist / Sie ist …*
… moim szefem / moją szefową.	*… mein Chef / meine Chefin.*
… moim kolegą z pracy / moją koleżanką z pracy.	*… ein Kollege / eine Kollegin* von mir.
… moim dobrym kolegą / moją dobrą koleżanką.	*… ein guter Freund / eine gute Freundin* von mir.

... naszym sąsiadem / naszą sąsiadką.	*... unser Nachbar / unsere Nachbarin.*
My się jeszcze nie znamy, prawda?	Wir kennen uns noch nicht, oder?
Przepraszam, ale mam wrażenie, że się skądś znamy?	Entschuldigung, aber wir sind uns, glaube ich, schon einmal begegnet?
Proszę pozwolić, że się przedstawię?	Darf ich mich vorstellen?
Dużo już o ♂ panu / ♀ pani (m) słyszałem / (f) słyszałam.	Ich habe schon viel über Sie gehört.
Czy nie rozmawialiśmy już kiedyś ze sobą przez telefon?	Haben wir nicht schon miteinander telefoniert?
♂ Pański / ♀ Pani głos wydał mi się od razu znajomy.	Ihre Stimme kam mir gleich bekannt vor.
♂ Pańska / ♀ Pani twarz wydała mi się od razu znajoma.	Ihr Gesicht kam mir gleich bekannt vor.
(m) Wiedziałem / (f) Wiedziałam, że już kiedyś gdzieś się spotkaliśmy.	Ich wusste, dass wir uns bereits irgendwo begegnet sind.
Niestety mam problem z zapamiętaniem nazwisk.	Leider kann ich mir Namen ganz schlecht merken.
Obawiam się, że zaszła tu jakaś pomyłka.	Ich fürchte, hier liegt ein Missverständnis vor.
Myślę, że mnie ♂ pan / ♀ pani z kimś myli.	Ich glaube, Sie verwechseln mich mit jemand anderem.
Och, bardzo przepraszam, wygląda ♂ pan / ♀ pani zupełnie jak *on / ona*.	Ach, Entschuldigung. Sie sehen genauso aus wie *er / sie*.

Beachten Sie: *kolega / koleżanka* (Freund / Freundin), *sąsiad / sąsiadka* (Nachbar / Nachbarin): Viele Substantive weiblichen Geschlechts haben im Singular die Endung *-a*.

Gut zu wissen!
Zur Begrüßung gibt man sich in Polen die Hand, unter Verwandten und guten Bekannten auch ein oder zwei Küsschen auf die Wange. Frauen werden manchmal noch von Herren der alten Schule galant mit einem Handkuss begrüßt. Dies kommt aber unter jungen Leuten und Kollegen heutzutage so gut wie nicht mehr vor.

A

Begrüßen, Vorstellen und Verabschieden

Mehr zum Wort *cześć* lesen Sie auf Seite 8.

4 Żegnamy się z kimś
Sich verabschieden

Do widzenia.	Auf Wiedersehen.
Cześć.	Tschüss.
Do zobaczenia *wkrótce / za niedługo*.	Bis *bald / demnächst*.
Uważaj na siebie.	Pass auf dich auf.
Do przyszłej niedzieli.	Bis nächsten Sonntag.
Miło było cię znów zobaczyć.	Es war schön, dich wiederzusehen.
Było mi miło, ♂ pana / ♀ panią poznać.	Es hat mich gefreut, Sie kennenzulernen.
Cieszę się, że wkrótce znów się zobaczymy.	Ich freue mich darauf, Sie bald wiederzusehen.
Mam nadzieję, że niebawem znów się zobaczymy.	Ich hoffe, wir sehen uns bald wieder.
Zobaczymy się najpóźniej w Warszawie.	Wir sehen uns dann spätestens in Warschau.
Miłego lotu!	Guten Flug!
Dobrego powrotu do domu.	Kommen Sie gut nach Hause.
Mam nadzieję, że nie będzie problemów.	Ich hoffe, dass alles gut geht.
Wyślij mi smsa, jeśli bedą jakiekolwiek problemy.	Schick mir eine SMS, wenn es irgendwelche Probleme gibt.
Puść sygnał jak będziesz w domu.	Ruf kurz durch, wenn du zu Hause bist.
Daj znać jak dotrzesz na miejsce.	Gib mir Bescheid, wenn du angekommen bist.
Pozdrowienia dla Carstena.	Liebe Grüße an Carsten.

wysyłać / wysłać smsa = eine SMS schicken, *dostawać / dostać smsa* = eine SMS bekommen, *esemesować* = simsen
Puszczać / Puścić sygnał ist umgangssprachlich und steht für „kurz durchrufen".

Pozdrów ode mnie Anię.	Grüß mir Ania.
Pozdrów Roberta.	Schöne Grüße an Robert.
Proszę pozdrowić ode mnie małżonkę.	Grüßen Sie Ihre Frau von mir.
Pozostańmy w kontakcie.	Lass uns in Kontakt bleiben.
Nie zapomnij dać znać, jak tylko znowu będziesz w pobliżu.	Vergiss nicht, mir Bescheid zu geben, wenn du wieder einmal in der Gegend bist.
Zawsze znajdzie się miejsce.	Wir haben immer ein Bett frei.
Możesz przyjeżdżać kiedy zechcesz.	Du kannst jederzeit vorbeischauen.
Wie ♂ pan / ♀ pani przecież, że zawsze jest ♂ pan u nas mile widziany / ♀ pani u nas mile widziana.	Sie sind uns immer willkommen, das wissen Sie.
Obawiam się, że niedługo będę (m) musiał / (f) musiała iść.	Ich fürchte, ich muss bald gehen.
Niestety muszę już iść.	Ich muss jetzt leider los.
Proszę mi wybaczyć.	Wenn Sie mich bitte entschuldigen?
Na mnie już czas.	Es wird Zeit zu gehen.
Muszę iść.	Ich muss los.
Nie dziękuję, naprawdę muszę już iść.	Nein, ich muss jetzt wirklich gehen.

Ist die „Ehefrau“ gemeint, so gibt es im Polnischen zwei Entsprechungen: *małżonka* (förmlicher) und *żona*. Das Gleiche gilt für den „Ehemann“: *małżonek* oder einfacher *mąż*.

Gut zu wissen!
Polen sind gute Gastgeber und „entlassen“ ihre Gäste nur ungern nach Hause. Kündigt sich Besuch an, wird meistens ein festliches Essen und ein kleiner Umtrunk vorbereitet. Wenn Sie die Gesellschaft verlassen möchten, achten Sie darauf, dass dies nicht zu abrupt geschieht und legen Sie sich vorzeitig Floskeln zurecht wie z. B.: *Och, już tak późno?!* (Oje, schon so spät?!), *Już czas się pożegnać.* (Es ist an der Zeit, sich zu verabschieden.) oder *Bardzo dziękuję za gościnę.* (Vielen Dank für Ihre Gastfreundschaft.)

B

Guter Umgang: Bitte, danke & Co.

5 Proszę i dziękuję
Bitte und danke

einen Augenblick / einen Moment = *chwilę, chwilkę, chwileczkę*

Chwileczkę, proszę.	Einen Augenblick, bitte.
Potrzebuje ♂ pan / ♀ pani pomocy? – Tak, dziękuję.	Benötigen Sie Hilfe? – Ja, bitte.
Czy może ♂ pan / ♀ pani dopisać to do mojego rachunku za pokój?	Können Sie das bitte auf meine Zimmerrechnung setzen?
Czy może ♂ pan / ♀ pani pokazać mi drogę?	Würden Sie mir bitte den Weg zeigen?
Czy może ♂ pan / ♀ pani tutaj podpisać?	Würden Sie bitte hier unterschreiben?
Czy mogę prosić ♂ pana / ♀ panią o przestawienie swojego samochodu?	Wären Sie bitte so freundlich, Ihr Auto umzuparken?
Czy ♂ miałby pan / ♀ miałaby pani coś przeciwko temu, jeśli przyprowadzę *swojego kolegę / swoją koleżankę*?	Hätten Sie etwas dagegen, wenn ich *einen Freund / eine Freundin* mitbringe?
Czy ♂ mógłby pan / ♀ mogłaby pani tutaj zaczekać?	Würde es Ihnen etwas ausmachen, hier zu warten?
Czy (m) mógłbym / (f) mogłabym poprosić o ... ?	Dürfte ich Sie bitten, ... ?
Dziękuję.	Danke.
Dziękuję ♂ panu / ♀ pani.	Ich danke Ihnen.
Dziękuję ci.	Ich danke dir.
Bardzo dziękuję.	Vielen Dank.
Serdecznie dziękuję.	Vielen herzlichen Dank.

Bitten werden auch mit Hilfe des Konditionals gebildet. Die entsprechenden Konstruktionen klingen sehr höflich und sehen wie folgt aus: Modalverb im Konditional (*miałby pan ..., mogłaby pani ..., mógłbyś ...*) + Infinitiv (vollendeter Aspekt): *Czy **mógłbyś przynieść** mi szklankę wody?* (Könntest du mir ein Glas Wasser bringen?)

Czy ♂ chciałby pan / ♀ chciałaby pani jeszcze kawy? – Nie, dziękuję.	Möchten Sie noch etwas Kaffee? – Danke (nein).
Czy (m) mógłbym / (f) mogłabym dostać jeszcze trochę kawy? – Oczywiście, proszę bardzo.	Könnte ich noch etwas Kaffee haben? – Aber natürlich, bitte sehr.
Dziękuję. – Nie ma problemu.	Danke. – Kein Problem.
Dziękuję. – Proszę.	Danke. – Bitte.
Dziękuję. – Cała przyjemność po mojej stronie.	Danke. – Gern geschehen.
Dziękuję. – Zawsze do usług.	Danke. – Jederzeit gern.
Bardzo mi ♂ pan pomógł / ♀ pani pomogła.	Sie waren mir eine große Hilfe.
To bardzo miło z twojej strony.	Das ist sehr *freundlich / lieb* von dir.

Aufpassen: *dziękuję* allein (also ohne ein *nie* davor) kann als Zustimmung verstanden werden.

Gut zu wissen!

Proszę, proszę bardzo, proszę uprzejmnie wird als höfliche Antwort auf *dziękuję* (danke) verwendet.
Mit *proszę pana / pani* wendet man sich an Personen, die man nicht näher kennt.
Wenn man jemanden um etwas bittet, sagt man *proszę …* oder auch *poproszę …*
Proszę! antwortet man auch, wenn jemand an die Tür klopft. Es gilt als Zeichen, dass die Person hereinkommen darf (Herein!).

B

Guter Umgang: Bitte, danke & Co.

6 Przeprosiny
Sich entschuldigen

Bardzo mi przykro.	Tut mir leid.
Naprawdę / Tak / Strasznie mi przykro.	Es tut mir *wirklich / so / schrecklich* leid.
Przepraszam, nie (m) zauważyłem / (f) zauważyłam ♂ pana / ♀ pani.	Entschuldigung, ich habe Sie nicht gesehen.
Nie (m) chciałem / (f) chciałam ♂ pana / ♀ pani zdenerwować.	Ich wollte Sie nicht verärgern.
Nie chcę ♂ panu / ♀ pani przeszkadzać.	Ich will Sie nicht stören.
Przepraszam ♂ pana / ♀ panią.	Entschuldigen Sie.
Bardzo przepraszam.	Entschuldigen Sie bitte.
Przepraszam.	Entschuldige.
Przepraszam, że ♂ panu / ♀ pani przeszkadzam.	Entschuldigung, dass ich Sie störe.
Przepraszam, że ci przeszkadzam.	Entschuldigung, dass ich dich störe.
Przepraszam za spóźnienie.	Entschuldigung, dass ich zu spät komme.
Szczerze ♂ pana / ♀ panią przepraszam.	Ich bitte Sie aufrichtig um Entschuldigung.
To niechcący.	Das war keine Absicht.
Nie rozumiem, jak mogło do tego dojść.	Ich verstehe nicht, wie das passieren konnte.
To nigdy nie powinno się zdarzyć.	Das hätte nie passieren dürfen.

przepraszać / przeprosić ist – anders als im Deutschen – kein reflexives Verb: sich bei jdm entschuldigen = *przepraszać / przeprosić kogoś* und nicht ~~*przeprosić się*~~
Während man etwas tut, entschuldigt man sich so: *Przepraszam, że ... .* Nachdem man etwas getan hat, sagt man: *Przepraszam za ... .*

Jest mi naprawdę bardzo głupio.	Das ist mir wirklich sehr peinlich.
Zaszło chyba jakieś nieporozumienie.	Es scheint ein Missverständnis vorzuliegen.
To musi być jakiś błąd.	Es muss sich um einen Fehler handeln.
Coś poszło nie tak.	Es ist etwas schiefgelaufen.
Zrobił się totalny chaos.	Es gab ein richtiges Durcheinander.
Nie (m) wiedziałem / (f) wiedziałam, że ma ♂ pan / ♀ pani gości.	Ich wusste nicht, dass Sie Besuch haben.
Niestety coś mnie zatrzymało.	Ich bin leider aufgehalten worden.
Nie (m) spodziewałem / (f) spodziewałam się ♂ pana / ♀ pani tak wcześnie.	So früh habe ich Sie gar nicht erwartet.
Przepraszam. – Nie ma sprawy.	Entschuldigung. – Kein Problem.
Wszystko w porządku.	Es ist alles in Ordnung.
Nie martw się.	Mach dir keine Sorgen.
Nic nie szkodzi.	Es macht doch nichts.
Wszystko jedno.	Ist egal.
Nie szkodzi.	Macht nix.

Man nimmt es in Polen nicht so genau mit der Pünktlichkeit wie z. B. in Deutschland. Auch im Alltag gilt der *kwadrans akademicki* (die fünfzehnminütige Verspätung, mit der die Vorlesungen an der Universität anfangen).

Gut zu wissen!
Przepraszam verwendet man im Polnischen nicht nur dann, wenn man sich für etwas entschuldigt, sondern z. B. auch in höflichen Fragen bzw. Bitten:
Przepraszam, która godzina? (Wie spät ist es?)
Przepraszam, czy mógłby pan mi pomóc? (Könnten Sie mir helfen?)
Przepraszam kann aber auch, wenn man es richtig betont, der Kritik dienen oder eine verbale Auseinandersetzung einleiten:
Przepraszam, ale to ty zacząłeś! (Du hast angefangen!)
Przepraszam, ale tego nie powiedziałam! (Das habe ich nicht gesagt!)

B

Guter Umgang: Bitte, danke & Co.

7 Czy może pan / pani powtórzyć? Können Sie das wiederholen?

Czy mówi ♂ pan / ♀ pani po *polsku / niemiecku*?	Sprechen Sie *Polnisch / Deutsch*?
Tak, (ale) niestety tylko słabo.	Ja, (aber nur) ein wenig.
Czy ♂ pan / ♀ pani (mnie) rozumie?	Verstehen Sie (mich)?
Rozumiem.	(Ich) verstehe.
Słucham?	Wie bitte?
Przepraszam, ale nie rozumiem (tego).	Entschuldigung, ich verstehe (das) nicht.
Przykro mi, ale nie (do końca) rozumiem.	Tut mir leid, das habe ich leider nicht (ganz) mitbekommen.
Przepraszam, co ♂ pan powiedział / ♀ pani powiedziała?	Entschuldigung, was haben Sie gesagt?
Czy może ♂ pan / ♀ pani mówić trochę *wolniej / głośniej*?	Könnten Sie bitte etwas *langsamer / lauter* sprechen?
Przepraszam, czy może ♂ pan / ♀ pani to powtórzyć?	Entschuldigung, könnten Sie das bitte wiederholen?
Czy może ♂ pan / ♀ pani powiedzieć to jakoś inaczej?	Können Sie das anders ausdrücken?
Czy może ♂ pan / ♀ pani mi to zapisać?	Könnten Sie mir das bitte aufschreiben?
Czy to jest jedno, czy dwa L?	Ist das mit einem oder zwei L?
Czy to jest duże czy małe S?	Ist das ein großes oder kleines S?

ein wenig = hier: *słabo* (wörtlich: schwach)

Hinweise zum polnischen Alphabet sowie zur Aussprache finden Sie im Anhang.

Czy ma ♂ pan / ♀ pani na myśli …?	Meinen Sie … ?
Co oznacza …?	Was bedeutet …?
Niestety nie znam polskiego słowa dla … .	Ich kenne leider das polnische Wort für … nicht.
Jak się nazywa … po polsku?	Wie heißt … auf Polnisch?
Jak to się nazywa po polsku?	Wie heißt das auf Polnisch?
Jak powiem po polsku, że …?	Wie sage ich auf Polnisch, dass …?
Jaki jest *polski / niemiecki* odpowiednik?	Wie lautet die *polnische / deutsche* Entsprechung?
Czy może ♂ pan / ♀ pani podać jakiś przykład?	Können Sie mir ein Beispiel nennen?
Jak to się wymawia?	Wie spricht man das aus?
Jak to się pisze?	Wie schreibt man das?
Czy ♂ mógłby pan / ♀ mogłaby pani to przeliterować?	Könnten Sie das vielleicht buchstabieren?
Przepraszam, chyba źle się (m) wyraziłem / (f) wyraziłam.	Entschuldigen Sie, ich glaube, ich habe mich falsch ausgedrückt.
Spróbuję powiedzieć to inaczej.	Ich versuche, es anders zu sagen.
Chodziło mi o …	Was ich (eigentlich) sagen wollte, war …

Adjektive, die auf *-ski* oder *-cki* enden, bilden die Adverbien mit der Präposition *po* und der Endung *-u*. Diese Form wird vor allem zur Bezeichnung von Sprachen gebraucht: *polski* (Adjektiv) – *po polsku* (Adverb); *język niemiecki* (deutsche Sprache) – *mówić po niemiecku* (Deutsch sprechen).

Die wichtigsten Fragepronomen im Polnischen sind: *co?* (was?), *jak?* (wie?), *kto?* (wer?), *kiedy?* (wann?), *gdzie?* (wo?) und *dlaczego?* (warum?).

Gut zu wissen!
Wenn man mit seinen Sprachkenntnissen am Ende ist oder einem einfach die Worte fehlen, ist Kreativität gefragt: Mimik, Gestik, Geräusche etc. Die meisten Polen reagieren in solchen Situationen freundlich, ab und zu amüsieren sie sich ein wenig darüber. Vielleicht wird man bei dieser Gelegenheit versuchen, Ihnen ein paar Worte Polnisch beizubringen. Passen Sie aber auf, dass es nicht nur Schimpfwörter sind … ☺

B

Guter Umgang: Bitte, danke & Co.

8 Prowadzimy rozmowę
Gespräche in Gang halten

Interesujący und *ciekawy* sind in der Bedeutung „interessant" gleichwertig.

Beachten Sie: Im Polnischen wird mit *nie* verneint, das – anders als im Deutschen – im Satz vor dem Verb steht: *Nie wiem.* (Ich weiß nicht.)

Man kann auch *Cholera! / Do cholery!* sagen. Früher galten diese Ausdrücke als Schimpfwörter, heute ist ihre Wirkung deutlich abgeschwächt.

Tak? / Naprawdę?	*Ach so? / Ach wirklich?*
Ciekawe. / Interesujące.	Das ist ja interessant.
A to ciekawe.	Wie interessant.
Tego nie (m) wiedziałem / (f) wiedziałam.	Das wusste ich nicht.
Nigdy o tym jeszcze nie (m) słyszałem / (f) słyszałam.	Davon habe ich noch nie etwas gehört.
To *wspaniale / fantastycznie*!	Das ist ja *großartig / fantastisch*!
Czy to nie wspaniałe?	Ist das nicht einfach großartig?
Ekstra!	Cool!
To niemożliwe.	Das ist doch nicht möglich.
Nigdy w życiu!	Nie im Leben!
To nie może być!	Das darf doch nicht wahr sein!
O mój Boże!	Ach du meine Güte.
Do diabła!	Verdammt!
Nie wiem co powiedzieć.	Ich weiß nicht, was ich sagen soll.
Brakuje mi słów.	Ich bin sprachlos.
Pierwsze słyszę.	Das höre ich zum ersten Mal.
Co było potem?	Was ist dann passiert?
Skąd ♂ pan / ♀ pani o tym wie?	Wie haben Sie es herausgefunden?
I co (wtedy) ♂ zrobiłeś / ♀ zrobiłaś?	Was hast du (dann) gemacht?

Kiedy w końcu ♂ dotarł pan / ♀ dotarła pani na miejsce?	Wann sind Sie dann letztendlich angekommen?
Coś strasznego!	Wie schrecklich!
To musiało być trudne.	Das muss ja schwierig gewesen sein.
Brzmi dosyć *nieciekawie / odrażająco*.	Das klingt ziemlich scheußlich.
Co za dziwna sytuacja.	Was für eine ungewöhnliche Situation.
Nie wiem, co ja (m) bym zrobił / (f) bym zrobiła.	Ich weiß nicht, was ich gemacht hätte.
Uważam, że …	Ich finde immer, dass …
Coś takiego też mi się już przytrafiło.	So etwas ist mir auch schon mal passiert.
Coś takiego mnie wkurza.	So etwas bringt mich immer gleich auf die Palme.
Dobrze to znam.	Das kenne ich nur zu gut.
Jak to było?	Wie war das noch einmal?
Czy musieliście naprawdę …?	Musstet ihr wirklich …?
A jak *on zareagował / ona zareagowała*?	Und wie hat *er / sie* reagiert?
Co wtedy powiedziała?	Was hat sie dann gesagt?
Co wtedy zrobił?	Was hat er dann getan?
I na tym się skończyło?	Und das war's dann?

„ankommen“: (mit dem Auto / Zug / Bus) *dojechać*, (zu Fuß) *dojść*, (im Allgemeinen) *dotrzeć na miejsce*

Achtung: *wkurzać* ist umgangssprachlich!

Gut zu wissen!
Sich an einem Gespräch zu beteiligen ist gar nicht so schwer. Durch direkten Blickkontakt und entsprechende Körperhaltung zeigen Sie dem Gesprächspartner, dass sowohl er als auch das Thema für Sie interessant sind. Einige Bemerkungen zwischendurch, wie z. B. *Ach tak?* (So?), *Naprawdę?* (Wirklich?) oder *Nie mów?* (Sag bloß?) lassen das Gespräch „leben“.

C

Miteinander ins Gespräch kommen

9 Pytamy, kto skąd pochodzi
Über die Herkunft sprechen

A skąd ♂ pan / ♀ pani pochodzi?	Und woher kommen Sie?
Skąd się ♂ pan / ♀ pani wywodzi?	Wo kommen Sie ursprünglich her?
Gdzie ♂ pan / ♀ pani mieszka?	Wo wohnen Sie?
Jaki to (jest) region kraju?	Welcher Landesteil ist das?
Niech zgadnę: Jest ♂ pan / ♀ pani ze Śląska?	Lassen Sie mich raten: Sie sind aus Schlesien?
Czy pochodzi ♂ pan / ♀ pani przypadkiem ze Śląska?	Sind Sie zufällig aus Schlesien?
Jestem ...	Ich bin ...
... z Niemiec.	... aus Deutschland.
... z Austrii.	... aus Österreich.
... ze Szwajcarii.	... aus der Schweiz.
Jestem z miejscowości, która nazywa się ...	Ich bin aus einem Ort namens ...
To leży *na północy / na południu / na wschodzie / na zachodzie.*	Das liegt *im Norden / im Süden / im Osten / im Westen.*
To leży *na północ / na południe / na wschód / na zachód* od Kolonii.	Es liegt *nördlich / südlich / östlich / westlich* von Köln.
To leży w pobliżu Berlina.	Es liegt in der Nähe von Berlin.
To jest niedaleko od Hamburga.	Das ist nicht weit entfernt von Hamburg.
To leży *nad Renem / w Schwarzwaldzie / nad morzem.*	Das liegt *am Rhein / im Schwarzwald / am Meer.*

Nationalitäten werden im Polnischen immer großgeschrieben: *Niemiec* (Deutscher) / *Niemka* (Deutsche), *Francuz* (Franzose) / *Francuzka* (Französin), *Anglik* (Engländer) / *Angielka* (Engländerin), *Polak* (Pole) / *Polka* (Polin), *Rosjanin* (Russe) / *Rosjanka* (Russin).

Von vielen Städtenamen gibt es polnische Übersetzungen: *Monachium* (München), *Akwizgran* (Aachen), *Moguncja* (Mainz), *Norymberga* (Nürnberg), *Zurych* (Zürich), *Bazylea* (Basel), *Wiedeń* (Wien).

To leży w *Nadrenii Północnej-Westfalii / Bawarii / Saksonii / Dolnej Saksonii.*	Das liegt in *Nordrhein-Westfalen / Bayern / Sachsen / Niedersachsen.*
To (jest) malutka miejscowość.	Das ist ein winzig kleiner Ort.
Znajduje się na głuchej prowincji.	Das ist mitten im Nirgendwo.
Prawdopodobnie nigdy ♂ pan o tym nie słyszał / ♀ pani o tym nie słyszała.	Sie haben wahrscheinlich nie davon gehört.
Nie jest to akurat jakaś metropolia.	Das ist nicht gerade der Mittelpunkt der Welt.
Mnie się podoba. Żyję się tam całkiem dobrze.	Mir gefällt es. Dort lässt es sich gut leben.
Niedużo się tam na codzień dzieje.	*Die Gegend / Der Ort* ist eher öde.
(m) Urodziłem / (f) Urodziłam się w … .	Ich bin in … geboren.
Tak właściwie to jestem z …	Ursprünglich bin ich aus …
Przed dwoma laty (m) przeprowadziłem / (f) przeprowadziłam się do Bonn.	Ich bin vor zwei Jahren nach Bonn gezogen.
Czy jest ♂ pan / ♀ pani tu po raz pierwszy?	Sind Sie das erste Mal hier?
Czy to ♂ pana / ♀ pani pierwsza wizyta w Wiedniu?	Ist das Ihr erster Besuch in Wien?

Auch die meisten Bundesländer haben polnische Entsprechungen, z. B.: *Turyngia* (Thüringen), *Nadrenia-Palatynat* (Rheinland-Pfalz), *Meklemburgia Pomorze Przednie* (Mecklenburg-Vorpommern), *Karyntia* (Kärnten).

Die meisten Fragen, die mit *tak* (ja) oder *nie* (nein) beantwortet werden, beginnen im Polnischen mit dem Fragewort *Czy?*. Im Deutschen entsprechen sie den Fragesätzen, in denen das Verb am Anfang des Satzes steht.

Gut zu wissen!
Viele Polen haben Bekannte oder Verwandte in Deutschland (vor allem in Berlin oder im Ruhrgebiet). Auch in Wien leben und arbeiten viele Polen. Daher besitzen die meisten Polen gute oder zumindest Grundkenntnisse über die deutschsprachigen Länder. Für die Polen selbst spielt die regionale Zugehörigkeit in einigen Landesteilen auch eine große Rolle, so zum Beispiel *na Śląsku* (in Schlesien) oder *w rejonie Tatr* (im Tatra-Gebiet).

C

Miteinander ins Gespräch kommen

10 Rozmowy o pogodzie
Über das Wetter sprechen

Ładny dzień dzisiaj, prawda?	Schöner Tag heute, nicht wahr?
Niezbyt ładny ten dzisiejszy dzień, prawda?	Kein sehr schöner Tag heute, nicht wahr?
Jaka *wspaniała / piękna* pogoda.	Was für ein *herrliches / wunderbares* Wetter.
Co za okropna pogoda!	Was für ein schreckliches Wetter!
Jest lepiej niż *wczoraj / dzisiaj rano.*	Es ist besser als *gestern / heute Morgen.*
Jest tak *gorąco / zimno.*	Es ist so *heiß / kalt.*
Jest *wietrznie / mglisto.*	Es ist *windig / neblig.*
Ten *deszcz / wiatr* jest okropny, prawda?	Dieser *Regen / Wind* ist schrecklich, oder?
Przynajmniej nie pada (deszcz).	Wenigstens regnet es nicht.
Dobrze, że znowu wyszło słońce.	Es ist schön, mal wieder die Sonne zu sehen.
Jaka zazwyczaj jest tu pogoda?	Wie ist das Wetter hier normalerweise?
Taka pogoda zdarza się tu często.	Es ist oft so hier.
Nie mamy dużo śniegu.	Wir haben nicht viel Schnee.
Nie cierpię *zimy / zimna.*	Ich mag *den Winter / die Kälte* überhaupt nicht.
Uwielbiam *wiosnę / słońce.*	Ich liebe *den Frühling / die Sonne.*
Źle znoszę upały.	Ich vertrage die Hitze nicht.

Zeitangaben: *wczoraj w nocy* (gestern Nacht); *dziś / dzisiaj wieczorem* (heute Abend); *jutro w południe / o dwunastej w południe* (morgen Mittag / um zwölf Uhr mittags); *pojutrze rano* (übermorgen in der Früh)

Ja nie mam z tym problemów.	Mir macht das nichts aus.
Ostatniej nocy całkiem mocno przymroziło.	Der Frost war ganz schön knackig letzte Nacht.
Wczoraj przez cały dzień lało.	Gestern hat es nur geschüttet.
Słońce od rana do wieczora. Coś wspaniałego!	Sonne von morgens bis abends. Fantastisch!
Lepiej / Gorzej być nie może.	*Besser / Schlimmer* könnte es nicht sein.

Steigerung einiger unregelmäßiger Adverbien:
dobrze (gut) – *lepiej – najlepiej*
źle (schlecht) – *gorzej – najgorzej*
dużo (viel) – *więcej – najwięcej*
mało (wenig) – *mniej – najmniej*

Jaką pogodę zapowiadali?	Wie ist die Wettervorhersage?
Ma być *sucho / mokro / pochmurno / słonecznie.*	Es soll *trocken / nass / bewölkt / sonnig* sein.
Zapowiadali opady śniegu.	Sie haben Schnee vorhergesagt.
Ma być *cieplej / chłodniej.*	Es soll *wärmer / kälter* werden.
Pogoda ma być *gorsza / lepsza.*	Es wird *schlechter / besser.*
Przez większość dnia ma być wietrznie.	Es bleibt den größten Teil des Tages windig.
Później ma się *przejaśnić / ochłodzić.*	Es soll sich später *aufhellen / abkühlen.*

Jest minus sześć stopni.	Es sind minus sechs Grad.
Mamy temperatury poniżej zera.	Wir haben Temperaturen unter dem Gefrierpunkt.
Jest ponad 30 stopni.	Es sind über 30 Grad.

Man kann hier auch … *na minusie* (steht für Minusgrade) oder … *na plusie* (steht für Plusgrade) sagen: *Wczoraj w nocy mieliśmy trzy stopnie na minusie.* (Gestern Nacht hatten wir minus drei Grad.)

Gut zu wissen!
Verben, die der Beschreibung vom Wetter dienen, werden im Polnischen mit Hilfe von ***pada*** gebildet: *pada deszcz* (es regnet), *Całą noc* ***padał śnieg***. (Es hat die ganze Nacht geschneit.), *Wczoraj* ***padał grad***. (Gestern hat es gehagelt.).

C

Miteinander ins Gespräch kommen

11 Prawienie komplementów
Nettigkeiten und Komplimente

To jest ...	*Es / Das* ist ...
... piękne!	... schön!
... przepiękne!	... wunderschön!
... wspaniałe!	... großartig!
... fantastyczne!	... fantastisch!
Wyglądasz wspaniale.	Du siehst großartig aus.
Bardzo ładnie wyglądasz.	Du siehst sehr gut aus.
W ogóle się nie ♂ zmieniłeś / ♀ zmieniłaś.	Du hast dich überhaupt nicht verändert.
Zawsze młodo ♂ wyglądałeś / ♀ wyglądałaś i wyglądasz.	Du siehst so jung aus wie eh und je.
Dobrze ci w tym kolorze.	Die Farbe steht dir wirklich gut.
Twój strój jest naprawdę wystrzałowy.	Dein Outfit ist echt cool.
Jakie piękne mieszkanie!	Was für eine wunderschöne Wohnung!
Jakie piękne kwiaty!	Was für schöne Blumen!
Jaki piękny widok!	Was für eine herrliche Aussicht!
W tym miejscu panuje wspaniała atmosfera.	Dieser Ort hat eine tolle Atmosphäre.
Jest tu tak cicho i spokojnie.	Es ist so still und friedlich.
Tu tętni życie.	Es ist voller Leben.
To jest pyszne.	Das ist *köstlich / richtig lecker*.
To wino jest fantastyczne.	Das ist ein fantastischer Wein.

Adjektive richten sich in Geschlecht, Zahl und Fall nach dem jeweiligen Substantiv. Maskuline Adjektive enden im Singular auf *-y* oder *-i*, feminine auf *-a* und neutrale auf *-e* oder *-ie*.

miejsce hat im Polnischen je nach Kontext viele Bedeutungen, z. B.: Ort, begrenzte Fläche, Sitzplatz, ...

Jedzenie było wyśmienite.	Das war ein tolles Essen.
Już długo tak dobrze nie (m) jadłem / (f) jadłam.	Ich habe lange nicht mehr so gut gegessen.
Musisz koniecznie dać mi receptę.	Du musst mir unbedingt das Rezept verraten.
Twój *polski / niemiecki* jest naprawdę dobry.	Dein *Polnisch / Deutsch* ist wirklich gut.
Gdzie się ♂ pan tak dobrze nauczył / ♀ pani tak dobrze nauczyła mówić po *polsku / niemiecku?*	Wo haben Sie gelernt, so gut *Polnisch / Deutsch* zu sprechen?
(m) Chciałbym / (f) Chciałabym umieć tak dobrze po polsku jak ty.	Ich wünschte, ich könnte so gut Polnisch wie du.
Jaki oryginalny prezent.	Was für ein originelles Geschenk.
O czymś takim zawsze (m) marzyłem / (f) marzyłam.	So etwas habe ich mir schon immer gewünscht.
Nie trzeba było.	Das wäre wirklich nicht nötig gewesen.
♂ Pan jest taki miły. / ♀ Pani jest taka miła.	Sie sind so freundlich.
Nie wiem, co bym bez ciebie (m) zrobił / (f) zrobiła.	Ich weiß nicht, was ich ohne dich gemacht hätte.
♂ Był pan / ♀ Była pani dla mnie dużą pomocą.	Sie waren mir eine riesige Hilfe.
Dziękuję, że ♂ znalazłeś / ♀ znalazłaś dla mnie czas.	Danke, dass du dir Zeit für mich genommen hast.

śniadanie = Frühstück, *obiad* = Mittagessen, *kolacja* = Abendessen
Im Polnischen gibt es außerdem noch die Bezeichnung *podwieczorek*. Dies beschreibt eine Mahlzeit, die man zwischen dem Mittag- und Abendessen zu sich nimmt (meist Kaffee und Kuchen).

Gut zu wissen!
Es gehört zum guten Ton, dass man viele Komplimente ausspricht – vor allem, wenn man eingeladen ist. Diese beziehen sich für gewöhnlich auf die Wohnungsausstattung und das Essen, weniger auf das Aussehen des Gastgebers oder der Gastgeberin (*prawić komuś komplementy* = jemandem Komplimente machen).

C

Miteinander ins Gespräch kommen

12 Flirty
Flirten

My się jeszcze nie znamy, prawda?	Wir kennen uns noch nicht, oder?
Nigdy przedtem cię jeszcze tu nie (m) widziałem / (f) widziałam.	Ich habe dich hier vorher noch nie gesehen.
(m) Zobaczyłem cię i musiałem / (f) Zobaczyłam cię i musiałam się przywitać.	Ich habe dich gesehen und musste einfach Hallo sagen.
Czy mogę się do ♂ pana / ♀ pani przysiąść?	Ist es in Ordnung, wenn ich mich zu Ihnen setze?
Czy jest ♂ pan sam / ♀ pani sama tutaj?	Sind Sie allein hier?
Mam nadzieję, że nie przeszkadzam, ale …	Ich hoffe, ich störe nicht, aber …
Przepraszam, czy mogę ♂ pana / ♀ panią o coś zapytać?	Entschuldigung, kann ich Sie etwas fragen?
Ma ♂ pan / ♀ pani piękny uśmiech.	Sie haben ein wunderschönes Lächeln.
Jesteś bardzo ładna.	Du bist sehr hübsch.
Masz piękne oczy.	Du hast wunderschöne Augen.
Uwielbiam, jak tańczysz.	Ich liebe es, wie du tanzt.
Chyba jeszcze nigdy nikogo nie (m) spotkałem / (f) spotkałam, kto by …	Ich glaube, ich bin noch nie jemandem begegnet, der …
Czym się interesujesz?	Für was interessierst du dich?
Jaką muzykę lubisz?	Welche Art von Musik magst du?

Achtung: Im Polnischen wird doppelt verneint. Auch wenn im Satz bereits eine Negation vorkommt, muss das Verb trotzdem verneint werden, z. B.: ***Nigdy nie** kłamię.* (Ich lüge nie.) / ***Nic** o tym **nie** wiem.* (Ich weiß nichts darüber.)

Wiesz może, gdzie tutaj można się dobrze zabawić?	Weißt du, wo man hier gut ausgehen kann?
Na co ♂ miałbyś / ♀ miałabyś ochotę?	Worauf hättest du Lust?
Niedługo będę się zbierać.	Ich wollte bald gehen.
Czy mogę zaprosić ♂ pana / ♀ panią jeszcze na drinka?	Darf ich Sie noch auf einen Drink einladen?
Już chce ♂ pan / ♀ pani iść?	Sie wollen schon gehen?
Też (m) chciałem / (f) chciałam wychodzić.	Ich wollte auch gerade gehen.
Idę w tym samym kierunku.	Ich gehe in dieselbe Richtung.
Możemy wziąć razem taksówkę.	Wir könnten uns ein Taxi teilen.
Bardzo mi było miło, ♂ pana / ♀ panią poznać.	Es war wirklich schön, Sie kennenzulernen.
Chętnie bym cię znów (m) zobaczył / (f) zobaczyła.	Ich würde dich sehr gern wieder sehen.
Może wybierzemy się któregoś wieczoru na kolację?	Sollen wir mal abends zusammen essen gehen?
Czy ♂ miałbyś / ♀ miałabyś ochotę obejrzeć ten nowy film?	Hättest du Lust, diesen neuen Film zu sehen?
O której godzinie by ci pasowało?	Welche Uhrzeit würde dir passen?
Przyjść / Przyjechać po ciebie?	Soll ich dich abholen?

Achtung: *iść w tym samym kierunku* (in dieselbe Richtung gehen) verlangt im Polnischen den Lokativ, im Deutschen hingegen den Akkusativ.

Grundsätzlich gilt: Bei einer Verabredung zahlt der Mann. Es gilt als unhöflich, wenn die Frau die Rechnung begleichen muss.

„jemanden abholen" bedeutet entweder *przyjść po kogoś* (jemanden zu Fuß abholen) oder *przyjechać po kogoś* (jemanden mit dem Auto abholen).

Gut zu wissen!
Beim Flirten wird normalerweise Sympathie bekundet. Wem es aber davon zuviel sein sollte, kann dies entsprechend zum Ausdruck bringen mit:
Nie jestem (m) zainteresowany / (f) zainteresowana. (Ich bin nicht interessiert.)
Proszę zostawić mnie w spokoju. (Lassen Sie mich bitte in Ruhe.)
Proszę mnie nie dotykać! (Fassen Sie mich nicht an!)
Zjeżdżaj! / Spadaj! (Verzieh dich!)

D

Sich näher kennenlernen

13 Życie zawodowe
Über den Beruf sprechen

Kim jest ♂ pan / ♀ pani z zawodu?	Was machen Sie beruflich?
Jaki zawód ♂ pan / ♀ pani wykonuje?	Welchen Beruf haben Sie?
Jestem *pielęgniarzem / pielęgniarką*.	Ich bin *Krankenpfleger / Krankenschwester*.
Pracuję jako *nauczyciel / nauczycielka*.	Ich arbeite als *Lehrer / Lehrerin*.
Pracuję w branży komputerowej.	Ich bin in der Computerbranche.
Pracuję w firmie ubezpieczeniowej.	Ich arbeite bei einer Versicherungsgesellschaft.
Pracuję / Jestem (m) zatrudiony / (f) zatrudniona w firmie o nazwie …	Ich *arbeite / bin* bei einem Unternehmen namens …
Pracuję w *marketingu / księgowości*.	Ich bin *im Marketing / in der Buchhaltung*.
Jestem (m) odpowiedzialny / (f) odpowiedzialna za …	Ich bin verantwortlich für …
Prowadzę własną działalność.	Ich bin *selbstständig / freiberuflich tätig*.
Mam własną firmę.	Ich habe meine eigene Firma.
Pracuję *na cały etat / na pół etatu*.	Ich arbeite *Vollzeit / Teilzeit*.
Uczę się zawodu.	Ich mache eine Berufsausbildung.
Jeszcze się uczę.	Ich bin noch in der Ausbildung.

Bei Berufsbezeichnungen, die sich schwer übersetzen lassen, hilft eine Umschreibung mit Sätzen wie z. B.: *Zajmuję się …* (Ich beschäftige mich mit …) oder *Kieruję / Zarządzam …* (Ich leite …).

Odbywam *staż / praktykę* w banku.	Ich mache ein *Volontariat / Praktikum* bei einer Bank.
Przez sześć miesięcy (m) byłem / (f) byłam bez pracy.	Ich war sechs Monate arbeitslos.
Szukam pracy.	Ich bin auf Arbeitssuche.
Jestem na emeryturze.	Ich bin im Ruhestand.
Opiekuję się w domu *dziećmi / chorą matką.*	Ich bin zu Hause *bei den Kindern / und pflege meine Mutter.*
Czy lubi ♂ pan / ♀ pani swoją pracę?	Mögen Sie Ihre Arbeit?
Czy to dobra firma?	Ist das eine gute Firma?
Chętnie tam pracuję.	Ich arbeite gern dort.
Jest to *wyzwanie / bardzo zadowalające.*	Es ist *eine Herausforderung / sehr befriedigend.*
Płaca mogłaby być lepsza.	Die Bezahlung könnte besser sein.
To jest *dosyć / bardzo* stresujące.	Es ist *ziemlich / sehr* stressig.
Robię dużo nadgodzin.	Ich mache viele Überstunden.
Za dużo pracy a za mało ludzi.	Zu viel Arbeit und nicht genug Leute.
Cały czas są jakieś restrukturyzacje.	Ständig sind sie am Umstrukturieren.
Trzeba się cieszyć, że w ogóle ma się pracę.	Man muss dankbar sein, dass man eine Arbeit hat.

Aufpassen! „Rente“ heißt im Polnischen nicht ~~*renta*~~, sondern *emerytura*. *Renta* ist eine vorzeitige Pensionierung aus gesundheitlichen Gründen.
iść / przechodzić na emeryturę = in Rente gehen

Gut zu wissen!
Fast alle Berufsbezeichnungen haben heutzutage eine männliche und eine weibliche Form: *kelner* (Kellner) / *kelnerka* (Kellnerin), *sprzedawca* (Verkäufer) / *sprzedawczyni* (Verkäuferin), *lekarz* (Arzt) / *lekarka* (Ärztin). Ausnahmen, bei denen es ausschließlich die männliche Variante gibt, existieren aber auch. Hier wird jeweils *kobieta* davor gestellt, z. B.: *kierowca* (Fahrer) / *kobieta kierowca* (Fahrerin).

D

Sich näher kennenlernen

14 Rodzina i życiorys
Familie und Werdegang

(m) Urodziłem się i dorastałem / (f) Urodziłam się i dorastałam na wschodzie Niemiec.	Ich bin im Osten Deutschlands geboren und aufgewachsen.
Do szkoły (m) chodziłem / (f) chodziłam w Dreźnie.	Ich bin in Dresden zur Schule gegangen.
Razem z rodzicami (m) przeprowadziłem / (f) przeprowadziłam się do Monachium.	Ich bin mit meinen Eltern nach München gezogen.
Kiedy (m) miałem / (f) miałam cztery lata, moi rodzice *rozstali się / rozwiedli się*.	Meine Eltern *haben sich getrennt / ließen sich scheiden*, als ich vier war.
(m) Ukończyłem / (f) Ukończyłam szkołę mając 18 lat.	Mit 18 war ich mit der Schule fertig.
Musiałem / Nie musiałem iść do wojska.	*Ich musste / Ich musste nicht* zum Wehrdienst.
Zamiast służby wojskowej odbywałem służbę cywilną.	Ich habe statt Wehrdienst Zivildienst gemacht.
Mam dyplom jako doradca podatkowy.	Ich habe einen Abschluss als Steuerberater gemacht.
Po ukończeniu szkoły (m) pracowałem / (f) pracowałam przez dwa lata w Monachium.	Nach der Berufsausbildung habe ich zwei Jahre in München gearbeitet.
(m) Przekwalifikowałem / (f) Przekwalifikowałam się na fizjoterapeutę.	Ich habe auf Physiotherapeut(in) umgeschult.
(m) Zmieniłem / (f) Zmieniłam pracę.	Ich habe die Stelle gewechselt.

Angaben zum Alter werden im Polnischen mit dem Verb *mieć* (haben) gemacht: *Ania ma cztery lata.* (Ania ist vier Jahre alt.)

Nie mam rodzeństwa.	Ich habe keine Geschwister.
Moja starsza siostra mieszka w Stanach.	Meine ältere Schwester lebt in den Staaten.
Właściwie jest to moja przyrodnia siostra. Moja matka wyszła ponownie za mąż.	Sie ist eigentlich meine Halbschwester. Meine Mutter hat wieder geheiratet.
Zakochaliśmy się w sobie. To była miłość od pierwszego wejrzenia.	Wir haben uns verliebt. Es war Liebe auf den ersten Blick.
(Nie) jesteśmy małżeństwem.	Wir sind (nicht) verheiratet.
Jesteśmy razem od *sześciu lat / 2012 roku*.	Wir sind seit *sechs Jahren / 2012* zusammen.
Rozstaliśmy się.	Wir haben uns getrennt.
Nasze małżeństwo się rozpadło.	Unsere Ehe ist auseinandergegangen.
Moja była żona / Mój były mąż i ja nadal się rozumiemy.	*Meine Ex-Frau / Mein Ex-Mann* und ich verstehen uns immer noch.
Nie mam dzieci.	Ich habe keine Kinder.
Mam *jedną córkę / jednego syna* (z poprzedniego małżeństwa).	Ich habe *eine Tochter / einen Sohn* (aus einer früheren Ehe).
Ona / On mieszka z matką.	*Sie / Er* lebt bei der Mutter.

Beim Begriff „heiraten" unterscheidet man zwischen Frau und Mann: Heiratet eine Frau, sagt man auf Polnisch *wychodzi za mąż*, heiratet ein Mann, sagt man *żeni się*.

Gut zu wissen!
Im polnischen Bildungssystem werden die Kinder mit sechs Jahren eingeschult. Zuerst besuchen sie drei Jahre lang die *szkoła podstawowa / podstawówka* (Grundschule), danach kommen sie für weitere drei Jahre aufs *gimnazjum* (nicht zu verwechseln mit dem Gymnasium in Deutschland!). Nach der Mittelstufe müssen sie sich für eine von drei Oberschularten entscheiden: das *liceum* (das in etwa mit dem deutschen Gymnasium vergleichbar ist), die *szkoła średnia* / das *technikum* (in etwa die Fachoberschule) oder die *szkoła zawodowa* (ähnelt der Berufsfachschule).

D

Sich näher kennenlernen

15 Codzienność i rutyna
Alltag und Routine

Wszystko gra. Zawsze coś się dzieje.	Alles läuft gut. Es ist immer etwas los.
Cały czas jestem (m) zapracowany / (f) zapracowana.	Ich bin immer ziemlich beschäftigt.
Żyję w ciągłym pośpiechu.	Ich führe ein ziemlich hektisches Leben.
Zawsze mam coś do zrobienia.	Ich habe immer etwas zu tun.
Mam dosyć duży stres.	Ich habe ziemlich viel Stress.
Prawie zawsze mam wszystko (w miarę) pod kontrolą.	Die meiste Zeit ist alles (mehr oder weniger) unter Kontrolle.
Wstaję / Budzę się wcześnie i idę późno spać.	Ich *stehe / wache* früh auf und gehe spät ins Bett.
Rano zawsze jest pośpiech.	Morgens geht es immer hektisch zu.
Rano robię wszystko bez pośpiechu.	Morgens lasse ich es gern langsam angehen.
Mam daleko do pracy.	Ich habe einen langen Arbeitsweg.
Potrzebuję półtorej godziny, aby dotrzeć do pracy.	Ich brauche anderthalb Stunden zur Arbeit.
Odprowadzam dzieci do *opiekunki / przedszkola*.	Ich bringe die Kinder *zur Tagesmutter / in den Kindergarten*.
Wyjeżdżam wcześnie z domu, aby uniknąć korków.	Ich fahre früh von zu Hause los, um den Stau zu vermeiden.

Achtung: *budzić się* (aufwachen) ist im Gegensatz zum Deutschen ein reflexives Verb. *Każdego dnia **budzę się** o szóstej.* (Ich wache jeden Tag um sechs Uhr auf.)

Für die ganz Kleinen gibt es den *żłobek* (Kinderkrippe).

Pociąg prawie zawsze jest *przepełniony / opóźniony*.	Der Zug ist meistens *voll / verspätet*.
Najczęściej jem obiad w *stołówce / biurze*.	Ich esse gewöhnlich *in der Kantine / im Büro* zu Mittag.
Na lunch jem najczęściej tylko kanapkę.	Mittags esse ich meist nur ein Butterbrot.
W porze obiadowej staram się wyjść z biura, ale nie zawsze mi się to udaje.	Mittags versuche ich aus dem Büro rauszukommen, aber ich schaffe es nicht immer.
Często wracam do domu dopiero późnym wieczorem.	Oft komme ich erst spät abends nach Hause.
Nie mam zbyt wiele czasu dla siebie.	Ich habe nicht viel Zeit für mich.
Najczęściej leżymy już tylko przed telewizorem.	Oft hocken wir uns nur noch vor den Fernseher.
W ciągu tygodnia rzadko gdzieś wychodzę.	Unter der Woche gehe ich nicht oft weg.
Raz w tygodniu idę na *fitnes / jogę*.	Ich gehe einmal die Woche *ins Fitness-Studio / zum Yoga*.
Zaczęłam tańczyć salsę.	Ich habe mit Salsatanzen angefangen.
W soboty trzeba zrobić zakupy, posprzątać i tak dalej.	Am Samstag stehen Einkauf, Haushalt und so weiter an.

Achtung: *kantyna* = Feldküche (beim Militär)
Kantine = *stołówka*

Als Bezeichnung für die Mahlzeit, die man in der Mittagszeit einnimmt, verwendet man immer öfter statt *obiad* den englischen Begriff *lunch*. So heißt es entsprechend: *przerwa obiadowa* = *przerwa na lunch* (Mittagspause), *pora obiadowa* = *pora na lunch* (Mittagszeit).

Gut zu wissen!
Die Hauptmahlzeit, bei der sich möglichst alle Familienmitglieder versammeln, ist in Polen *obiad* oder bei Berufstätigen unter der Woche *obiadokolacja* (Mittagessen, welches am frühen Abend stattfindet). Vor allem aber *niedzielny obiad*, das Mittagsessen am Sonntag, wird oft groß zelebriert. Die ganze Familie isst gemeinsam, es wird traditionell aufgetischt, mit einer Suppe vorab.
Die Verben zu den Mahlzeiten werden mit Hilfe von *jeść* (essen) gebildet: *jeść śniadanie* (frühstücken), *jeść obiad* (zu Mittag essen), *jeść kolację* (zu Abend essen).

D

Sich näher kennenlernen

16 Wygląd i zachowanie
Personen beschreiben

Jaki on / Jaka ona jest?	Wie ist *er / sie* denn so?
Jak *on / ona* wygląda?	Wie sieht *er / sie* aus?
Ona jest *wysoka / niska / średniego wzrostu*.	Sie ist *groß / klein / mittelgroß*.
On jest *szczupły / mocno zbudowany*.	Er ist *schlank / kräftig (gebaut)*.
Ona ma troszkę zaokrąglone kształty.	Sie ist etwas füllig.
Ona jest atrakcyjna.	Sie ist attraktiv.
Ona jest *ładna / piękna*.	Sie ist hübsch.
On jest przystojny.	Er ist gut aussehend.
On / Ona ma około dwudziestki.	*Er / Sie* ist in den Zwanzigern.
On / Ona jest po trzydziestce.	*Er / Sie* ist über 30.
On / Ona jest gdzieś koło trzydziestki.	*Er / Sie* ist irgendwo in den Dreißigern.
On / Ona jest nie pierwszej młodości.	*Er / Sie* ist auch nicht mehr ganz jung.
On / Ona ma …	*Er / Sie* hat …
… niebieskie oczy.	… blaue Augen.
… zielone oczy.	… grüne Augen.
… brązowe oczy.	… braune Augen.
Ona ma *długie / krótkie / półdługie* włosy.	Sie hat *lange / kurze / halblange* Haare.
Ona ma *proste / kręcone* włosy.	Sie hat *glatte / lockige* Haare.
Ona jest *blondynką / szatynką*.	Sie ist *blond / brünett*.

Für die Angabe der Größe (bei Menschen) verwendet man die Adjektive *wysoki* (wörtlich: hoch) und *niski* (wörtlich: niedrig).

Ein Mann kann *przystojny* sein, nicht aber *ładny* oder *piękny*. Dies sind nur Frauen.

On ma *ciemne / brązowe / siwe / rude* włosy.	Er hat *dunkle / braune / graue / rote* Haare.
On ma *wąsy / brodę*.	Er hat einen *Schnurrbart / Bart*.
Ona nosi koński ogon.	Sie trägt einen Pferdeschwanz.
On nosi okulary.	Er trägt eine Brille.
Ona zawsze jest *dobrze / elegancko* ubrana.	Sie ist immer *gut / schick* angezogen.
Wygląd nie ma dla niego dużego znaczenia.	Ihm ist sein Aussehen ziemlich egal.
♂ Oni / ♀ One ubierają się zawsze dosyć swobodnie.	Sie sind immer ziemlich leger gekleidet.
On jest trochę niechlujny.	Er ist ein wenig ungepflegt.
On jest bardzo *miły / fajny*.	Er ist ein richtig netter Kerl.
Ona jest bardzo *przyjemna / sympatyczna*.	Sie ist sehr *angenehm / sympathisch*.
On jest trochę nieśmiały.	Er ist etwas schüchtern.
Jest raczej samotnikiem.	Er ist eher ein Einzelgänger.
Ona jest bardzo towarzyska.	Sie ist sehr kontaktfreudig.
On bywa w świecie.	Er kennt Gott und die Welt.
Ona jest zawsze w najwyższej formie.	Sie ist immer in Topform.

Okulary (Brille) gehört zur Gruppe von Substantiven, die nur im Plural vorkommen. Genauso auch: *spodnie* (Hose), *drzwi* (Tür), *urodziny* (Geburtstag), *usta* (Mund).

Gut zu wissen!
Bei Personenbeschreibungen sollten Sie einige Dinge beachten: *chudy* heißt zwar „dünn“, kann aber auch als „schmächtig“, „mager“, quasi „unterernährt“ verstanden werden. Deutlich besser klingt hier *szczupły* (schlank). Auch der Ausdruck *gruby* (dick) sollte nach Möglichkeit vermieden werden. Es gibt im Polnischen viele andere Adjektive, mit deren Hilfe man beleibte Menschen beschreiben kann, z. B.: *otyły, tęgi, korpulentny* (beleibt, korpulent). Vor allem im Bezug auf Frauen gelten Ausdrücke wie *ona jest gruba / grubasem* als abwertend und beleidigend. Hier sagt man besser: *Ona jest puszystą osobą / przy kości / korpulentna*. (Sie ist mollig / korpulent.)

E

Einladungen und Verabredungen

17 Zaproszenia
Einladungen

Czy ma ♂ pan / ♀ pani dziś wieczorem czas?	Haben Sie heute Abend Zeit?
Czy masz już jakieś plany na *jutro / weekend*?	Hast du *morgen / am Wochenende* schon etwas vor?
Będę w przyszłym tygodniu w mieście i (m) chciałem / (f) chciałam zapytać, czy możemy się spotkać.	Ich bin nächste Woche in der Stadt und wollte fragen, ob wir uns treffen könnten.
Moglibyśmy kiedyś zjeść razem kolację.	Wir könnten abends mal zusammen essen.
Czy ma ♂ pan / ♀ pani ochotę iść się czegoś napić?	Möchten Sie etwas trinken gehen?
Chcemy grilować.	Wir wollen grillen.
Chcesz iść z nami?	Willst du mitkommen?
Zaprosiliśmy parę osób na drinka.	Wir haben ein paar Leute auf einen Drink eingeladen.
Organizujemy party.	Wir feiern eine Party.
A z jakiej okazji?	Zu welchem Anlass?
Nic specjalnego.	Nichts Besonderes.
Świętuję (moje) urodziny.	Ich feiere (meinen) Geburtstag.
Serdecznie ♂ pana / ♀ panią zapraszam.	Sie sind herzlich willkommen.
Możesz przyjść w każdej chwili.	Du kannst jederzeit vorbeischauen.
Byłoby super, gdybyś ♂ mógł / ♀ mogła przyjść.	Es wäre toll, wenn du kommen könntest.

Es gibt keinen polnischen Ausdruck für „Wochenende“. Hierfür verwendet man das englische *weekend*.

Vorsicht: *parę / paru* (bei männlichen Personen) = ein paar, aber *para* = ein Paar (*para butów* = ein Paar Schuhe)

Im Nominativ werden Personalpronomen der 1. und 2. Person Singular *(ja, ty)* und Plural *(my, wy)* nicht gebraucht.
Mam urodziny. (Ich habe Geburtstag.)
Nicht: ~~*Ja mam urodziny.*~~ / *Macie jutro czas?* (Habt ihr morgen Zeit?) Nicht: ~~*Wy macie jutro czas?*~~

Byłoby nam miło, gdyby ♂ mógł pan / ♀ mogła pani przyjść.	Es würde uns sehr freuen, wenn Sie kommen könnten.
To miłe z ♂ pana / ♀ pani strony.	Das ist sehr nett von Ihnen.
Bardzo chętnie.	Sehr gerne.
To bardzo dobry pomysł.	Was für eine nette Idee.
Byłoby *miło / fajnie / super*.	Das wäre *sehr schön / toll / super*.
Dziękuję bardzo, ale ...	Vielen Dank, aber ...
Niestety nie mam czasu.	Ich habe leider keine Zeit.
Muszę *zajrzeć do kalendarza / zapytać żony*.	Ich muss mal *in meinem Kalender nachsehen / bei meiner Frau nachfragen*.
Chyba mamy już na ten dzień jakieś plany.	Ich glaube, wir haben da schon etwas vor.
Mam w tym czasie już inne obowiązki.	Ich habe bereits eine andere Verpflichtung.
Przykro mi, ale jestem już (m) umówiony / (f) umówiona.	Tut mir leid, aber ich habe da bereits eine Verabredung.
Szkoda.	Schade.
A co myślicie o niedzieli?	Was haltet ihr stattdessen von Sonntag?
Może innym razem.	Vielleicht ein anderes Mal.
Nie ma *sprawy / problemu*.	Kein Problem.

Wenn im Deutschen „Sie" im Plural steht, so heißt es im Polnischen *państwo*. *Dziękuję państwu za tak liczne przybycie.* (Danke, dass Sie so zahlreich erschienen sind.)

Gut zu wissen!
Wird man in Polen zu jemandem nach Hause eingeladen, dann meistens schon am Nachmittag (gegen 16 oder 17 Uhr). Für Gäste aus dem deutschsprachigen Ausland ist es oft ungewohnt, dass zuerst Kaffee und Kuchen angeboten wird. Erst danach (gegen 19 Uhr) wird das Abendessen serviert, und zwar meistens in vollem „Umfang". ☺ Für den polnischen Gastgeber ist es enorm wichtig, dass der Gast gut bewirtet wird und auf keinen Fall hungrig nach Hause geht.

E

Einladungen und Verabredungen

18 Kiedy i gdzie?
Wann und wo?

W jaki dzień?	An welchem Tag?
O której godzinie?	Um wie viel Uhr?
Kiedy by ♂ panu / ♀ pani najlepiej pasowało?	Wann würde es Ihnen am besten passen?
Która godzina ♂ panu / ♀ pani pasuje?	Welche Zeit passt Ihnen?
Co ♂ pan / ♀ pani myśli o (godzinie) ósmej?	Was halten Sie von acht (Uhr)?
Ósma rano czy ósma wieczorem?	Acht Uhr morgens oder acht Uhr abends?
Trzecia po południu.	Drei Uhr nachmittags.
(Godzina) piętnasta.	15 Uhr.
O wpół do ósmej.	Um halb acht.
O dziewiętnastej trzydzieści.	Um 19 Uhr 30.
Koło szóstej.	Gegen sechs.
Tak / Gdzieś koło ósmej.	So um acht Uhr herum.
Krótko *przed ósmą / po ósmej.*	Kurz *vor / nach* acht.
Co o tym myślisz?	Was hältst du davon?
Jestem (m) elastyczny / (f) elastyczna.	Ich bin flexibel.
Niech ♂ pan / ♀ pani *wybierze / zdecyduje.*	*Wählen / Entscheiden* Sie.
Jest mi wszystko jedno.	Mir ist es *gleich / egal.*
Dopasuję się do ♂ pana / ♀ pani.	Wann immer es Ihnen passt.
Jak *chcesz / uważasz.*	Wie du willst.

przed południem = vormittags (bis 12 Uhr)
w południe = mittags (um 12 Uhr)
po południu = nachmittags (nach 12 Uhr bis ca. 18 Uhr)

Przykro mi, ale nie dam rady.	Tut mir leid, das schaffe ich leider nicht.
Czy dałoby się kwadrans *wcześniej / później*?	Ginge eine Viertelstunde *früher / später*?
Czy dałoby się o siódmej piętnaście zamiast o siódmej?	Ginge sieben Uhr fünfzehn statt sieben Uhr?
Mogę nie zdążyć.	Das wird ein bisschen knapp.
(m) Wolałbym / (f) Wolałabym troszkę później.	Mir wäre es etwas später lieber.
Gdzie mielibyśmy się spotkać?	Wo schlagen Sie vor, dass wir uns treffen?
Dobrze, a więc w niedzielę o ósmej piętnaście przed dworcem.	Gut, dann also am Sonntag um acht Uhr fünfzehn vor dem Bahnhof.
Gdyby były jakieś problemy ...	Wenn es irgendwelche Probleme gibt ...
Puszczę / Wyślę SMSa.	Ich *simse / schicke eine SMS*.
Proszę przedzwonić.	Rufen Sie einfach kurz an.
Proszę podać mi na wszelki wypadek swój numer telefonu.	Geben Sie mir für alle Fälle Ihre Nummer.
Dobrze.	Gut.
Brzmi super.	Das klingt sehr gut.
Super, bardzo się cieszę.	Super, ich freue mich darauf.

„Etwas lieber mögen" oder „bevorzugen" wird im Polnischen mit Hilfe des Verbs *woleć* gebildet: *Wolałbym herbatę niż kawę.* (Ich hätte lieber Tee als Kaffee.) *Wolę o tym nie myśleć.* (Ich denke lieber gar nicht dran.)

Gut zu wissen!
Will man nach der Uhrzeit fragen, dann sagt man: *Która jest godzina?* Die Antwort beinhaltet dann in den meisten Fällen nur die Zeitangabe: *Czwarta. / Jest czwarta.* (Es ist vier.)
Minutenangaben werden bis zur 20. Minute nach der vollen Stunde mit der Präposition ***po*** angegeben: *Dziesięć* ***po*** *dwunastej.* (Zehn Minuten nach zwölf.) Ab 20 Minuten vor der vollen Stunde verwendet man die Präposition ***za***: ***Za*** *dziesięć trzecia.* (Zehn Minuten vor drei.)
Halbe Stunden gibt man mit ***wpół do*** an: *Wpół do siódmej.* (Halb sieben.)

E

Einladungen und Verabredungen

„Toilette" heißt umgangssprachlich auch *WC* (ausgesprochen: *wu-ce*). Den Weg danach erfragt man mit: *Przepraszam, gdzie jest toaleta / WC?*

Man kann auch *w lewo / w prawo* sagen: *Iść na lewo / w lewo.* (Links gehen.) *Skręcić na prawo / w prawo.* (Rechts abbiegen.)

19 W gościnie
Zu Gast sein

Witam, miło was wiedzieć.	Hallo, schön euch zu sehen.
Proszę wejść. / Wejdźcie.	*Kommen Sie / Kommt* doch herein.
Przepraszamy za małe spóźnienie.	Es tut mir leid, dass wir uns ein bisschen verspätet haben.
Były problemy z metrem.	Es gab Probleme mit der U-Bahn.
Musieliśmy czekać dwadzieścia minut na *autobus / pociąg.*	Wir mussten zwanzig Minuten auf den *Bus / Zug* warten.
Zaparkowaliśmy (samochód) przed domem państwa sąsiadów. Mam nadzieję, że nie jest to problemem.	Wir haben (das Auto) vor dem Haus Ihrer Nachbarn geparkt. Ich hoffe, das ist in Ordnung.
Czy mogę pomóc pani zdjąć płaszcz?	Darf ich Ihnen den Mantel abnehmen?
Możesz zostawić swoje rzeczy na krześle.	Lass deine Sachen einfach auf dem Stuhl.
Łazienka / Toaleta znajduje się …	*Das Bad / Die Toilette* ist übrigens …
… tutaj na *lewo / prawo.*	… hier *links / rechts.*
… schodami na górę i na *lewo / prawo.*	… die Treppe hoch und *links / rechts.*
Gdyby ♂ chciałby pan / ♀ chciałaby pani się odświeżyć …	Falls Sie sich kurz frisch machen wollen …
A to drobnostka od nas.	Wir haben Ihnen eine Kleinigkeit mitgebracht.

Przynieśliśmy butelkę wina.	Wir haben eine Flasche Wein mitgebracht.
Dziękuję bardzo, naprawdę niepotrzebnie.	Danke sehr, das wäre aber wirklich nicht nötig gewesen.
Pójdę przodem.	Ich gehe vor.
Tam skąd słychać muzykę.	Einfach der Musik nach.
Proszę usiąść.	Nehmen Sie doch Platz.
Wybierz sobie jakieś miejsce.	Such dir einfach ein Plätzchen.
Czujcie się jak u siebie w domu.	Fühlt euch wie zu Hause.
Czego się napijesz?	Was möchtest du trinken?
Jeśli chodzi o jedzenie i napoje, proszę po prostu samemu się obsłużyć.	Nehmen Sie sich einfach etwas zu essen und zu trinken.
Weź sobie coś do picia.	Schnapp dir was zu trinken.
Czy mogę zaproponować ♂ panu / ♀ pani coś do picia?	Kann ich Ihnen etwas zu trinken anbieten?
Czy mogę przynieść ♂ panu / ♀ pani coś do picia?	Kann ich Ihnen etwas zu trinken holen?
Poproszę kieliszek czerwonego wina.	Ich nehme bitte etwas Rotwein.
Nie, dziekuję. Jestem samochodem.	Lieber nicht, ich fahre.
Coś bezalkoholowego proszę.	Etwas ohne Alkohol, bitte.

Siadać / Usiąść heißt „sich setzen". Bedeutungsgleich mit *proszę usiąść* ist hier auch: *Proszę, niech ♂ pan / ♀ pani usiądzie.*

Gut zu wissen!
Als Gastgeschenke eignen sich, wie fast überall, Alkohol (Whisky, guter Wodka oder eine Flasche Wein) für den Gastgeber. Für die Dame des Hauses sind Pralinen und Blumen als Mitbringsel angesagt. Was Blumen angeht, sollten es nach Möglichkeit keine roten Rosen sein. Und vergessen Sie nicht, die Blumen vor dem Überreichen aus dem Papier zu nehmen.

E

Einladungen und Verabredungen

Weitere Ausdrücke, die man beim Abschied verwendet, finden Sie in Kapitel 4.

20 Czas się pożegnać
Zeit für den Abschied

Ojej, już tak późno?	O je, ist es schon so spät?
Nie (m) zauważyłem / (f) zauważyłam, jak ten czas szybko minął.	Ich habe die Zeit völlig aus den Augen verloren.
Niemożliwe, że jest już tak późno.	Es kann doch nicht schon so spät sein?
Musi mi ♂ pan / ♀ pani wybaczyć, ale …	Sie müssen mich entschuldigen, aber …
Czas, (żeby) się …	Es wird Zeit, dass ich …
… pożegnać.	… mich verabschiede.
… zbierać.	… mich aufmache.
Czas na mnie.	Es wird Zeit, dass ich mich auf den Weg mache.
Muszę już naprawdę iść.	Ich muss jetzt wirklich gehen.
Muszę jutro wcześnie wyjść z domu.	Morgen muss ich früh aus dem Haus.
Przed nami jeszcze dosyć daleka droga.	Wir haben es ziemlich weit.
Muszę wracać, bo …	Ich muss zurück, weil …
Thomas źle się czuje.	Thomas geht es nicht gut.
Czy mam (jeszcze) kogoś zabrać?	Kann ich (noch) jemanden mitnehmen?
Sami znajdziemy wyjście.	Wir finden schon raus.
Ach jaka szkoda.	Das ist aber schade.
Naprawdę musi ♂ pan / ♀ pani już iść?	Müssen Sie wirklich schon gehen?

Musisz niedługo znów nas odwiedzić.	Du musst bald wieder kommen.
To bardzo miłe, że ♂ mógł pan / ♀ mogła pani przyjść.	Ich freue mich sehr, dass Sie kommen konnten.
Super, że ♂ wpadłeś / ♀ wpadłaś.	Es war schön, dass du da warst.
Musimy to niebawem powtórzyć.	Das müssen wir bald wieder machen.
Czy da się ♂ pan / ♀ pani namówić na jeszcze jeden kieliszek wina?	Kann ich Sie noch zu einem letzten Glas Wein überreden?
Obawiam się, że mam już dosyć.	Nein, ich fürchte, ich habe schon genug.
Jeśli tak ♂ pan / ♀ pani pyta. Nie mogę odmówić.	Wenn Sie mich so fragen, wie kann ich da nein sagen?
Doskonale się bawiliśmy.	Wir haben uns prächtig amüsiert.
Było po prostu super.	Es war einfach super.
Dziękuję za ten wspaniały wieczór. Było bardzo miło.	Danke für diesen wunderbaren Abend. Es war toll.
Jedzenie było *fantastyczne / pyszne*.	Das Essen war *fantastisch / köstlich*.
Następnym razem zapraszamy do nas.	Das nächste Mal kommen Sie zu uns.
Następnym razem u nas, ok?	Das nächste Mal bei uns, o.k.?

Nicht verwechseln: *kieliszek wina* = ein Glas Wein, aber *kieliszek do wina* (mit der Präposition *do*) = ein Weinglas

Gut zu wissen!
Der Abschied läuft meistens nach einem bestimmten Ritual ab. Er kann kurz und schmerzlos sein – ist dann aber recht formell. Bei guten Bekannten oder Verwandten hingegen kann sich die Verabschiedung in die Länge ziehen. Man umarmt oder küsst sich auf die Wange und bespricht womöglich die Pläne für den nächsten Tag. Zum Schluss sagt man dann: *do widzenia* oder *do zobaczenia* (auf Wiedersehen) und zu späterer Stunde *dobranoc* (gute Nacht).

F

Gute und schlechte Nachrichten

21 Dobre wiadomości i gratulacje
Gute Nachrichten und Glückwünsche

Mam *dobre wiadomości / dobrą wiadomość.*	Ich habe *gute Nachrichten / eine gute Nachricht.*
Muszę ci coś powiedzieć.	Ich muss dir was erzählen.
Nie zgadniesz, co się stało?	Du errätst nie, was passiert ist?
Stało się coś *wspaniałego / fantastycznego.*	Etwas *Tolles / Fantastisches* ist gerade passiert.
(m) Miałem / (f) Miałam naprawdę szczęście.	Ich hatte wirklich Glück.
Nie mogę się doczekać, żeby ci o tym opowiedzieć.	Ich kann kaum erwarten, es dir zu erzählen.
(m) Dostałem / (f) Dostałam propozycję pracy.	Man hat mir eine Stelle angeboten.
(m) Awansowałem. / (f) Awansowałam.	Ich bin befördert worden.
(m) Dostałem / (f) Dostałam *podwyżkę / premię.*	Ich habe eine *Gehaltserhöhung / Prämie* bekommen.
(m) Zdałem / (f) Zdałam egzamin.	Ich habe meine Prüfung bestanden.
(m) Poznałem / (f) Poznałam kogoś.	Ich habe jemanden kennengelernt.
Adam i ja zamieszkamy razem.	Adam und ich ziehen zusammen.
Zaręczyliśmy się.	Wir haben uns verlobt.
Bierzemy ślub.	Wir heiraten.
Oczekujemy dziecka.	Wir erwarten ein Kind.
Nie mogę ci powiedzieć, (m) jaki jestem szczęśliwy / (f) jaka jestem szczęśliwa.	Ich kann dir gar nicht sagen, wie glücklich ich bin.

Nicht vergessen! Heiratet ein Paar: *bierze ślub*, heiratet ein Mann: *żeni się*, heiratet eine Frau: *wychodzi za mąż*.

Moje marzenie wreszcie się spełniło.	Mein Traum ist endlich wahr geworden.
Gratulacje!	Herzlichen Glückwunsch!
Brawo! Gratulacje!	Gut gemacht! Herzlichen Glückwunsch!
Tak się cieszę.	Ich freue mich so für dich.
To *wspaniała / fantastyczna* wiadomość.	Das ist ja eine *großartige / fantastische* Nachricht.
Serdeczne gratulacje.	Ganz herzliche Glückwünsche.
Wiem, ile to dla ciebie znaczy.	Ich weiß, wie viel dir das bedeutet.
Powodzenia!	Viel Glück!
Życzę ♂ panu / ♀ pani dużo sukcesów.	Ich wünsche Ihnen viel Erfolg.
Wszystkiego najlepszego w dniu urodzin! / Serdeczne życzenia z okazji urodzin!	Herzlichen Glückwunsch zum Geburtstag!
Wszystkiego najlepszego z okazji ślubu!	Zur Hochzeit alles Gute!
Wesołych Świąt Bożego Narodzenia!	Frohe Weihnachten!
Szczęśliwego Nowego Roku!	Ein gutes und gesundes neues Jahr!
Wesołego Alleluja!	Frohe Ostern!

Wszystkiego najlepszego! kann man in vielen Situationen sagen, z. B.: *Wszystkiego najlepszego w Nowym Roku!* (Alle Gute im neuen Jahr!). *Gratulacje!* hingegen sagt man zu Personen, die etwas erreicht oder eine Prüfung bestanden haben. Zum Geburtstag wünscht man außerdem noch *Sto lat!* (= Lang soll er leben!). Genau genommen 100 Jahre lang ...

Gut zu wissen!
An den gesetzlichen Feiertagen bleiben Geldinstitute sowie die meisten Firmen und Geschäfte grundsätzlich geschlossen. Die wichtigsten *dni świąteczne* (Feiertage) in Polen sind: *Nowy Rok* (Neujahr), *Wielkanoc* (Ostern), *Pierwszy Maja* (Maifeiertag am 1. Mai), *Święto Konstytucji 3 Maja* (Nationalfeiertag am 3. Mai) zu Ehren der ersten polnischen Verfassung vom 3. Mai 1791, *Zielone Świątki / Zesłanie Ducha Świętego* (Pfingstsonntag), *Boże Ciało* (Fronleichnam), *Wszystkich Świętych* (Allerheiligen), *Święto Niepodległości* (Unabhängigkeitstag am 11. November) und *Święta Bożego Narodzenia* (Weihnachten).

F

Gute und schlechte Nachrichten

22 Złe wiadomości i wyrazy współczucia

Schlechte Nachrichten und Anteilnahme

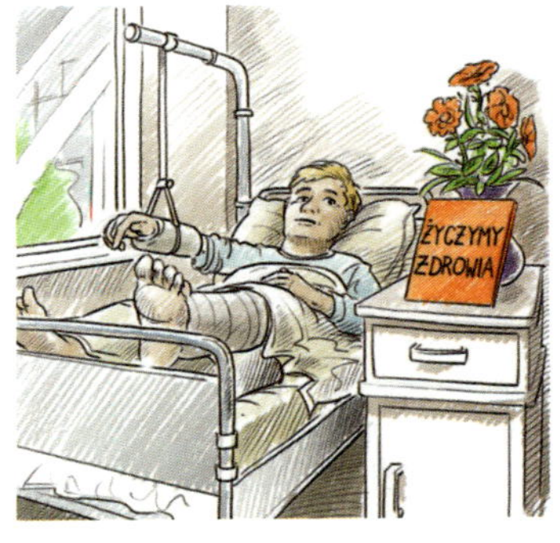

Niestety, mam *złe / smutne* wiadomości.	Ich habe leider *schlechte / traurige* Nachrichten.
Stało się coś strasznego.	Etwas Schreckliches ist passiert.
To, co zaraz powiem, …	Das, was ich Ihnen gleich sagen werde, …
… będzie dla ♂ pana / ♀ pani szokiem.	… wird ein Schock für Sie sein.
… *rozzłości / rozczaruje* ♂ pana / ♀ panią.	… wird Sie *verärgern / enttäuschen*.
Doprawdy, nie wiem jak powiedzieć, ale …	Ich weiß kaum, wie ich es sagen soll, aber …
Nie spodoba się to ♂ panu / ♀ pani, ale …	Es wird Ihnen nicht gefallen, aber …
Mamy poważne kłopoty.	Wir haben echt Ärger am Hals.
Ania miała wypadek.	Ania hatte einen Unfall.
Piotr leży w szpitalu.	Piotr liegt im Krankenhaus.
Filip ma raka.	Filip hat Krebs.
Michał *nie żyje / zmarł*.	Michał ist *tot / verstorben*.
Zmarł niespodziewanie na zawał serca.	Er ist plötzlich an einem Herzinfarkt gestorben.
Anna została napadnięta.	Anna ist überfallen worden.
Stefan stracił pracę.	Stefan hat seinen Job verloren.
(m) Zostałem zwolniony. / (f) Zostałam zwolniona.	Ich bin entlassen worden.
(O) Nie! / O rety!	*(O) Nein! / O je!*

Man sagt hier auch oft: *Michał odszedł od nas (po długiej chorobie)*. (Michał ist (nach langer Krankheit) von uns gegangen.) Wenn jemand infolge eines Autounfalls stirbt, sagt man: *Zginął / Zginęła w wypadku (samochodowym)*.

Tak mi przykro.	Das tut mir so leid.
To jest naprawdę *straszne / wstrząsające.*	Das ist ja wirklich *schrecklich / fürchterlich.*
To musi być dla ciebie piekło.	Das muss für dich ja die Hölle sein.
To musi być dla ♂ pana / ♀ pani ciężki czas.	Das muss eine sehr schwere Zeit für Sie sein.
Czy jest coś, co mogę dla ciebie zrobić?	Gibt es irgendetwas, was ich für dich tun kann?
Myślę o tobie w tym ciężkim dla ciebie czasie.	Ich denke an dich in dieser schwierigen Zeit.
Przesyłamy wam serdeczne życzenia.	Wir senden euch ganz liebe Grüße.
Nie martw się.	Mach dir keine Sorgen.
Mogłoby być gorzej.	Es hätte schlimmer kommen können.
Musisz się trzymać.	Lass dich davon nicht unterkriegen.
Życzę / Życzymy zdrowia!	*Ich wünsche / Wir wünschen* gute Besserung!
Życz Szymonowi ode mnie szybkiego powrotu do zdrowia.	Bestell Simon von mir die besten Wünsche für eine schnelle Genesung.
(Serdeczne) Wyrazy współczucia.	Mein (herzliches) Beileid.
(m) Chciałbym / (f) Chciałabym złożyć ♂ panu / ♀ pani wyrazy współczucia.	Ich möchte Ihnen mein (herzliches) Beileid ausdrücken.

- dich = *ciebie / cię*: *Kocham **cię**.* (Ich liebe dich.)
- auf dich = *na ciebie*: *Czekam **na ciebie** na dole.* (Ich warte unten auf dich.)
- an dich = *o tobie:* *Myślę **o tobie**.* (Ich denke an dich.)
- für dich = *dla ciebie:* *Te kwiaty są **dla ciebie**.* (Diese Blumen sind für dich.)

Gut zu wissen!
Polen sind sehr emotional, d. h. sie zeigen überschwänglich sowohl ihre Freude als auch ihre Anteilnahme. Dies geschieht auch auf die Gefahr hin, dass vieles ganz schnell zu einer Tragödie wird. Man kann aber auch etwas zurückhaltender reagieren und mithilfe der oben genannten Ausdrücke dem Gegenüber seine Anteilnahme oder sein Beileid aussprechen.

F

Gute und schlechte Nachrichten

23 Zabawne anegdoty i dowcipy
Lustige Anekdoten und Witze

(m) Opowiadałem / (f) Opowiadałam ci już kiedyś, co mi się przytrafiło w Krakowie?	Habe ich dir jemals erzählt, was mir in Krakau passiert ist?
Przydarzyło mi się coś naprawdę dziwnego.	Mir ist etwas ganz Verrücktes passiert.
To przypomina mi coś, co mi się kiedyś przytrafiło.	Das erinnert mich an etwas, das mir mal passiert ist.
Nigdy w to nie uwierzysz.	Das glaubst du nie.
Poczekaj, aż usłyszysz, co zdarzyło się dalej.	Warte, bis du hörst, was als Nächstes passiert ist.
Przysięgam, że to prawda.	Aber ich schwöre, es ist wahr.
Najpierw / Na początku ...	*Zuerst / Am Anfang ...*
Potem ...	Danach ...
Później ...	Dann ...
W każdym razie ...	Jedenfalls ...
W końcu ...	Schließlich ...
I na tym koniec.	Und das war dann das Ende.
I to by było na tyle.	Und das war's dann.
(m) Nie mogłem / (f) Nie mogłam w to po prostu uwierzyć.	Ich konnte es einfach nicht glauben.
To był jakiś dziwny przypadek.	Es war ein unglaublicher Zufall.
(m) Byłem taki zaskoczony. / (f) Byłam taka zaskoczona.	Ich war so überrascht.

Przytrafić się und *przydarzyć się* sind Synonyme.
Przypominasz mi twojego ojca. (Du erinnerst mich an deinen Vater.)
Przypominam sobie ciebie. (Ich erinnere mich an dich.)

Die folgenden Wörter helfen Ihnen, über eine Begebenheit Schritt für Schritt zu berichten.

(m) Nie wiedziałem / (f) Nie wiedziałam, co powiedzieć.	Ich wusste nicht, was ich sagen sollte.
Zdumiało mnie to.	Ich war völlig baff.
Można było umrzeć ze śmiechu.	Es war echt zum Totlachen.
Wybuchnęliśmy śmiechem.	Wir bekamen einen Lachanfall.
(m) Uśmiałem / (f) Uśmiałam się do łez.	Ich musste vor Lachen weinen.
To było takie zabawne.	Es war so lustig.
Znasz ten dowcip o ...?	Kennst du den Witz über ...?
Założę się, że tego jeszcze nie znasz.	Ich wette, du kennst diesen noch nicht.
A więc ...	Nun, er geht so: ...
♂ Zrozumiałeś? / ♀ Zrozumiałaś?	Hast du ihn verstanden?
Ach, teraz już wiem.	Ach, jetzt hab ich's verstanden.
Naprawdę tak powiedział? Nie wierzę ci.	Hat er das wirklich gesagt? Ich glaube dir nicht.
Żartujesz sobie ze mnie.	Du nimmst mich auf den Arm.
Ten jest naprawdę dobry.	Der ist echt gut.
Muszę go sobie zapamiętać.	Den muss ich mir merken.
Kawały mnie się nie trzymają.	Ich kann mir Witze ganz schlecht merken.

Ein anderes Wort für „Witz“ ist *kawał*. Umgangssprachlich sagt man *opowiadać kawały* (Witze erzählen).

Gut zu wissen!
Es ist nicht einfach, Witze in einer fremden Sprache zu verstehen oder zu erzählen. Gute sprachliche Kenntnisse und landeskundliches Verständnis sind hier die Voraussetzung. Jedes Volk hat seinen eigenen Humor und diesen sollte man unbedingt respektieren. Am besten verzichten Sie also auf politische, sexistische oder anderweitig diskriminierende Witze.

F

Gute und schlechte Nachrichten

24 Złe doświadczenia
Schlechte Erfahrungen

To był taki dzień, kiedy wszystko idzie nie tak.	Das war so ein Tag, an dem einfach alles schiefgeht.
Nigdy jeszcze nie (m) miałem / (f) miałam tak *strasznej / ciężkiej* podróży.	Ich hatte noch nie so eine *schreckliche / furchtbare* Reise.
Mieliśmy naprawdę pecha.	Wir hatten wirklich Pech.
Wszystko szło nie tak jak trzeba.	Alles ging schief.
To była od początku do końca jedna wielka katastrofa.	Es war eine einzige Katastrophe von Anfang bis Ende.
Coś nas zatrzymało.	Wir wurden aufgehalten.
Anulowano nasz lot.	Unser Flug wurde annulliert.
Nie zdążyliśmy na następny samolot.	Wir haben unseren Anschlussflug verpasst.
Pogoda była straszna.	Das Wetter war grauenhaft.
Zgubiliśmy się.	Wir haben uns verirrt.
Pomyliliśmy drogę.	Wir haben uns verfahren.
Był zanik prądu.	Es gab einen Stromausfall.
Wysiadł internet.	Das Internet fiel aus.
Był strajk.	Es wurde gestreikt.
(m) Zgubiłem … / (f) Zgubiłam …	Ich habe … verloren.
… mój portfel.	… meinen Geldbeutel …
… moje klucze.	… meine Schlüssel …
Mieliśmy awarię.	Wir hatten eine Panne.
Staliśmy w korku.	Wir hingen im Stau fest.

Oft wird das Gegenteil mit der Vorsilbe *nie-* ausgedrückt: *szczęście* (Glück) / ***nieszczęście*** (Unglück), *powodzenie* (Erfolg) / ***niepowodzenie*** (Misserfolg).

Przepraszam, coś mnie zatrzymało. (Verzeihen Sie, ich wurde aufgehalten.) **Aber:** *On **został** wczoraj w nocy **zatrzymany**.* (Er wurde gestern Nacht festgenommen / verhaftet.)

klucze (od domu) = (Haus)schlüssel
kluczyki od samochodu = Autoschlüssel

Pociąg miał 50 minut spóźnienia.	Der Zug hatte 50 Minuten Verspätung.
Nie było nikogo, kto by nas odebrał.	Es war keiner da, um uns abzuholen.
(m) Czułem / (f) Czułam się jak ostatni dureń.	Ich kam mir so blöd vor.
To była moja wina.	Ich war schuld.
To w ogóle nie była moja wina.	Ich war überhaupt nicht schuld.
Nie dało się już nic zrobić.	Ich habe alles versucht, aber es war alles umsonst.
To było jedno wielkie fiasko.	Es war ein einziges Fiasko.
W ogóle nie chcieli nam pomóc.	Sie waren absolut nicht hilfsbereit.
Było im to całkiem obojętne.	Es war ihnen schnurzegal.
(m) Byłem tak zdenerwowany. / (f) Byłam tak zdenerwowana.	Ich war so verärgert.
(m) Byłem tak zły. / (f) Byłam tak zła.	Ich war so sauer.
Byliśmy *zmęczeni / wykończeni*.	Wir waren *erschöpft / total k.o.*
Byliśmy tacy szczęśliwi, że to się wreszcie skończyło.	Wir waren so froh, dass es endlich vorbei war.
To było chyba najgorsze, co kiedykolwiek (m) przeżyłem / (f) przeżyłam.	Es war mit das Schlimmste, was ich je erlebt habe.

Bedeutungsgleich mit *zdenerwowany* ist *wkurzony*. Allerdings ist diese Variante ziemlich umgangssprachlich.

Gut zu wissen!
Die Polen sagen von sich selbst, dass sie Meister im Nörgeln sind. Alles ist grundsätzlich nicht so, wie es sein sollte. Angefangen von der eigenen Gesundheit über die Arbeit bis hin zu den einfachen Dingen des Alltags. Versuchen Sie also, diese Beschwerden zwar mit Verständnis, aber auch mit ein wenig Abstand hinzunehmen.

G

Gefühle und Emotionen

Die Konstruktion ***interesować się*** *kimś / czymś* (sich für jemanden / etwas interessieren) verlangt im Polnischen immer den Instrumental. *Ona interesuje się teatrem.* (Sie interessiert sich für das Theater.)

Die polnische Bezeichnung ♂ *fan* / ♀ *fanka* wird vorwiegend im Bereich des Sports und der Musik gebraucht, ♂ *miłośnik* / ♀ *miłośniczka* oder auch ♂ *wielbiciel* / ♀ *wielbicielka* (im Deutschen vergleichbar mit „Liebhaber") im Bereich der Kunst und Kultur.

25 Wyrażamy co nas interesuje, a co nie
Interesse und Desinteresse bekunden

Kocham góry.	Ich liebe die Berge.
Lubię wędrować (po górach).	Ich wandere gern.
Uwielbiam lody.	Ich liebe Eis(creme).
Nie potrafię oprzeć się czekoladzie.	Schokolade kann ich einfach nicht widerstehen.
Interesuję się historią.	Ich interessiere mich für Geschichte.
Lubię zwierzęta.	Ich mag Tiere.
Marcin jest miłośnikiem teatru.	Marcin ist Theaterfan.
Lubisz piłkę nożną?	Magst du Fußball?
Jestem (m) wielkim miłośnikiem / (f) wielką miłośniczką polskiego kina.	Ich bin ein großer Fan polnischer Filme.
Szymon jest wielkim fanem golfa.	Szymon ist begeisterter Golfer.
Rajmund jest zagorzałym komputerowcem.	Rajmund ist ein Computerfreak.
Uwielbiam włoską kuchnię.	Ich bin verrückt nach italienischer Küche.
Mam słabość do Julii.	Ich habe eine Schwäche für Julia.
Właściwie nie robię sobie nic ze sportu.	Ich mache mir eigentlich nichts aus Sport.
Nie lubię talk shows.	Ich mag keine Talkshows.
Nie cierpię elektronicznej muzyki.	Ich hasse Elektro-Musik.

Nie znoszę osób, które nie potrafią się zdecydować.	Ich kann Leute, die sich nicht entscheiden können, nicht ausstehen.
Praca w ogrodzie w ogóle mnie nie pociąga.	Gartenarbeit ist einfach nicht mein Ding.
Nie przepadam za tym autorem.	Ich halte nicht viel von diesem Autor.
Szkoda mi czasu na takich ludzi.	Für solche Leute ist mir meine Zeit zu schade.
Rebecca źle znosi krytykę.	Rebecca kann Kritik schlecht annehmen.
Tomasz nie jest po prostu *w moim typie / moim typem.*	Tomasz ist einfach nicht mein Typ.

Nie przeszkadza mi to.	Es macht mir nichts aus.
Jest mi wszystko jedno.	Mir ist es gleich.
Nie mam nic przeciw(ko) temu.	Ich habe nichts dagegen.
Nic mnie to nie obchodzi.	Das juckt mich nicht.
Jest mi to zupełnie obojętne.	Das ist mir schnurzegal.
To nie jest mój problem.	Das ist nicht mein Problem.
To jest twój problem.	Das ist dein Problem.
Kogo to *interesuje / obchodzi*?	Wen interessiert's?
No i (co)?	Na und?
Rób, co chcesz.	Mach, was du willst.
Gówno mnie to obchodzi.	Es ist mir scheißegal.

Vorsicht vulgär! Nur in sehr vertrautem Umfeld verwenden.

Gut zu wissen!
Bei Vorlieben steht in den Ausdrücken mit *lubię, uwielbiam* oder *kocham* das Substantiv im Akkusativ (*Uwielbiam czekoladę.* – Ich liebe Schokolade.) oder der Infinitiv (*Lubię spacerować po lesie.* – Ich gehe gern im Wald spazieren.). Bei Abneigungen nach *nie lubię, nie cierpię* oder *nie znoszę* steht entweder ein Substantiv im Genitiv (*Nie lubię orzechów.* – Ich mag keine Nüsse.) oder die Infinitivform eines Verbs (*Nie lubię gotować.* – Ich koche nicht gern.).

G

Gefühle und Emotionen

26 Nadzieja, radość i szczęście
Hoffnung, Freude und Glück

hoffen = *mieć nadzieję* (wörtlich: Hoffnung haben), es kommt meistens in der Konstruktion *mieć nadzieję, że …* (hoffen, dass …) vor.

Mam nadzieję, że wszystko pójdzie dobrze.	Ich hoffe, alles geht gut.
Mam nadzieję, że zobaczę się jutro z Jankiem.	Ich hoffe, dass ich Janek morgen sehe.
Trzymam za ciebie kciuki.	Ich drück(e) dir die Daumen.
Musimy myśleć pozytywnie.	Hoffen wir das Beste.
Kasia ma wielką nadzieję, że niebawem znajdzie pracę.	Kasia hat große Hoffnung, bald eine Arbeit zu finden.
Patrzę całkiem optymistycznie w przyszłość.	Ich blicke ziemlich optimistisch in die Zukunft.
Nie tracę nadziei, że znajdę mieszkanie, które bedę w stanie zapłacić.	Ich habe die Hoffnung noch nicht aufgegeben, eine bezahlbare Wohnung zu finden.
Jesteśmy wszyscy dobrej myśli.	Wir sind alle ziemlich zuversichtlich.
Wielu ludziom da to nadzieję.	Das wird vielen Menschen Hoffnung geben.
Jest cień nadziei.	Es gibt einen Hoffnungsschimmer.
Czy Marek też będzie na imprezie? – *Mam nadzieję, że tak. / Mam nadzieję, że nie.*	Wird Marek auf der Party sein? – *Ich hoffe es. / Ich hoffe nicht.*
Jeśli wszystko pójdzie z planem, to do weekendu powinniśmy się ze wszystkim wyrobić.	Wenn alles gut geht, ist bis zum Wochenende alles fertig.
Ta wiadomość brzmi *obiecująco / zachęcająco.*	Diese Nachricht ist *vielversprechend / ermutigend.*

(m) Jestem taki szczęśliwy. / (f) Jestem taka szczęśliwa.	Ich bin so glücklich.
Tak się cieszę, że wszystko się udało.	Ich bin so froh, dass alles gut gegangen ist.
Bardzo się cieszę, że znów dobrze się czujesz.	Ich bin sehr froh, dass es dir wieder gut geht.
Roland był w całkiem dobrym nastroju.	Roland war in ziemlich guter Stimmung.
Laura była niezmiernie szczęśliwa.	Laura war überglücklich.
Kiedy urodziło się nam dziecko, byliśmy bardzo szczęśliwi.	Als unser Baby geboren wurde, waren wir überglücklich.
Wszyscy mieli (dobry) humor.	Alle waren gut gelaunt.
Jak tylko dowiedziała się o wynikach egzaminu, oszalała z radości.	Als sie ihre Prüfungsergebnisse erfahren hat, war sie ganz aus dem Häuschen.
Ogromnie się ucieszyliśmy.	Wir haben uns riesig gefreut.
Dzięki *tobie / temu* (m) miałem / (f) miałam całkiem dobry dzień.	*Du hast / Das hat* mir den Tag gerettet.
♂ Rozbawiłeś / ♀ Rozbawiłaś mnie.	Du hast mich aufgeheitert.
Wszystko dobre, co się dobrze kończy.	Ende gut, alles gut.

Die Konstruktion „froh sein" wird im Polnischen mit dem Verb *cieszyć się* wiedergegeben (wörtlich: sich freuen).

Bedeutungsgleich mit *mieć dobry humor* ist *być w dobrym humorze.*

Gut zu wissen!
Hoffnung und Freude sprechen noch aus folgenden Ausdrücken:

- *w nadziei, że … / z nadzieją, że …* (in der Hoffnung, dass …)
- *pokładać w kimś nadzieję / wiązać z kimś nadzieję* (seine Hoffnungen auf jemanden setzen)
- *robić sobie nadzieję na coś* (sich Hoffnungen auf etwas machen)
- *sprawiać komuś radość* (jemandem eine Freude bereiten)
- *łzy radości* (Freudentränen)

G

Gefühle und Emotionen

27 Rozczarowanie i smutek
Enttäuschung und Traurigkeit

(m) Byłem rozczarowany / (f) Byłam rozczarowana tymi wynikami.	Ich war von den Ergebnissen enttäuscht.
(m) Zawiodłem / (f) Zawiodłam się na ♂ panu / ♀ pani.	Ich bin von Ihnen enttäuscht.
♂ Zawiódł mnie pan. / ♀ Zawiodła mnie pani.	Sie haben mich enttäuscht.
(m) Oczekiwałem / (f) Oczekiwałam więcej.	Ich hatte mehr erwartet.
Byliśmy strasznie zawiedzeni.	Wir waren so enttäuscht.
To było gorzkie rozczarowanie.	Es war eine herbe Enttäuschung.
Ku mojemu wielkiemu rozczarowaniu nie (m) zostałem zaproszony / (f) zostałam zaproszona nawet na rozmowę kwalifikacyjną.	Zu meiner großen Enttäuschung bekam ich noch nicht einmal ein Vorstellungsgespräch.
Cały ten weekend nie spełnił naszych oczekiwań.	Das ganze Wochenende hat unsere Erwartungen enttäuscht.
To była totalna porażka.	Es war ein totaler Reinfall.
Zawiedliśmy się w naszych oczekiwaniach.	Es bleibt weit hinter den Erwartungen zurück.
Impreza okazała się porażką.	Die Party war ein Reinfall.
Jestem (m) taki / (f) taka …	Ich fühle mich so …
… (m) smutny / (f) smutna.	… traurig.
… (m) nieszczęśliwy / (f) nieszczęśliwa.	… unglücklich.

Konstruktionen mit dem Verb *zawodzić (się) / zawieść (się)* werden meistens in Bezug auf eine Person verwendet, nicht auf eine Sache.

rozmowa = Gespräch; *rozmowa kwalifikacyjna* = Vorstellungsgespräch

Czuję się tak kiepsko.	Ich fühle mich so elend.
(m) Odszedłem / (f) Odeszłam z ciężkim sercem.	Ich bin schweren Herzens gegangen.
Byliśmy wszyscy naprawdę przerażeni.	Wir waren wirklich alle bestürzt.
Maks jest naprawdę załamany.	Maks ist wirklich geknickt.
Wyglądasz na ♂ zmęczonego / ♀ zmęczoną.	Du siehst ziemlich mitgenommen aus.
(m) Byłem taki przygnębiony. / (f) Byłam taka przygnębiona.	Ich war so niedergeschlagen.
Dlaczego masz taką strapioną minę?	Warum siehst du so bedrückt aus?
Janusz jest *bardzo zmartwiony / zdeprymowany*.	Janusz ist *zu Tode betrübt / völlig deprimiert*.
Kiedy przegrała jego drużyna, był niepocieszony.	Als seine Mannschaft verloren hat, war er untröstlich.
Wszystkie te złe rzeczy, które mi się w ostatnich miesiącach przydarzyły, odbiły się na mojej psychice.	All die schlimmen Dinge, die mir in den letzten Monaten passiert sind, haben mir ganz schön zugesetzt.
Anna jest pogrążona w żalu po śmierci męża.	Anna trauert noch um ihren verstorbenen Mann.
Cała rodzina jest w żałobie.	Die Familie trauert noch.

Die meisten Adverbien leiten sich, wie auch im Deutschen, von den Adjektiven ab. Dabei erhalten sie die Endung *-o*: *smutny – smutno* (traurig) oder *-(i)e*: *zły – źle* (schlecht / falsch), *ładny – ładnie* (schön).

Gut zu wissen!
Mit folgenden Ausdrücken können Sie Ihren Freunden und Bekannten in schweren Zeiten Mut zusprechen:
Dasz radę! (Du schaffst das schon!)
Głowa do góry! (Kopf hoch!)
Wszystko będzie dobrze, zobaczysz! (Alles wird gut, du wirst sehen!)
Nie bierz sobie wszystkiego tak do serca. (Nimm dir das alles nicht so zu Herzen.)

G

Gefühle und Emotionen

28 Zaskoczenie i niedowierzanie
Überraschung und Unglaube

Die Adjektive *zdumiony / zdziwiony* sind in den meisten Fällen synonym.

(m) Byłem bardzo zaskoczony. / (f) Byłam bardzo zaskoczona.	Ich war so überrascht.
Byliśmy *zdziwieni / zdumieni.*	Wir waren *erstaunt / verwundert.*
Ta wiadomość totalnie nas zaskoczyła.	Die Nachricht überraschte uns alle völlig.
Nie mogę tego pojąć.	Ich kann es nicht fassen.
Nie mogliśmy w to uwierzyć.	Wir konnten es einfach nicht glauben.
Nie wiem, co powiedzieć.	Ich weiß nicht, was ich sagen soll.
(m) Byłem zdumiony. / (f) Byłam zdumiona.	Ich war verblüfft.
To nas wprawiło w totalne *osłupienie / zdumienie.*	Das hat uns total verblüfft.
Zaparło *mi / nam* dech.	Es hat *mir / uns* den Atem verschlagen.
(m) Zbaraniałem. / (f) Zbaraniałam.	Ich war platt.
Brakuje mi słów.	Ich bin sprachlos.
To naprawdę otworzyło mi oczy.	Das hat mir wirklich die Augen geöffnet.
Trudno to pojąć.	Das ist kaum fassbar.
Ale przecież to (jest) *nieprawdopodobne / niesamowite.*	Aber das ist ja unglaublich.
To było zdumiewające.	Das war höchst erstaunlich.
Nie do wiary!	Das glaube ich nicht!

Nigdy (w życiu)! To jest niemożliwe.	Niemals! Das ist unmöglich.
To jest zbyt piękne, żeby było prawdziwe.	Das ist zu schön, um wahr zu sein.
To żadna niespodzianka.	Es war keine Überraschung.
Nic dziwnego.	Kein Wunder.
Nie rób ze mnie głupka.	Verkauf mich doch nicht für dumm.
Nigdy w to nie uwierzę.	Wer's glaubt, wird selig.
(Ona) nigdy by tego nie zrobiła.	Das hätte sie nie getan.
Chyba nie chcesz mi wmówić, że …	Du kannst mir nicht weiß machen, dass …
Nie jestem *ciemny / zacofany*.	Ich bin nicht von gestern.
Jestem urodzoną sceptyczką.	Ich bin die geborene Skeptikerin.
Jestem urodzonym cynikiem.	Ich bin der geborene Zyniker.
Opowiadasz bajki.	Das ist ein Ammenmärchen.
(m) Nie brałem / (f) Nie brałam tego na serio.	Ich habe es nicht für bare Münze genommen.
To nie brzmi przekonywująco.	Das klingt überhaupt nicht plausibel.
Nie mogę sobie wyobrazić, że Jacek mógłby coś takiego zrobić.	Es ist unvorstellbar, dass Jacek so etwas tun würde.

Głupek (Dummkopf) ist eine umgangssprachliche und beleidigende Bezeichnung. Das Adjektiv *głupi* findet man auch in Ausdrücken wie z. B. *♂ Głupi / ♀ Głupia jak but.* (Dumm wie Bohnenstroh.) oder *głupia gęś* (dumme Gans).

Gut zu wissen!
Das Gegenteil wird bei Adjektiven oft, wie auch bei Substantiven, mit der Vorsilbe ***nie-*** gebildet: *szczęśliwy* – ***nie****szczęśliwy* (glücklich – unglücklich), *możliwy* – ***nie****możliwy* (möglich – unmöglich), *legalny* – ***nie****legalny* (legal – illegal).
Und noch ein Hinweis zur polnischen Rechtschreibung: Adjektive mit der Vorsilbe *nie-* werden zusammengeschrieben, während man bei verneinten Verben *nie* immer getrennt schreibt: *nie palić* (nicht rauchen).

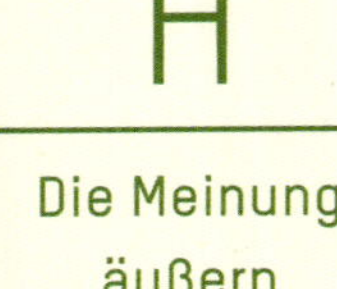

Die Meinung äußern

29 Opinie innych i własne zdanie

Ansichten anderer und die eigene Meinung

Jak ♂ pan / ♀ pani myśli?	Was denken Sie?
Co ♂ pan / ♀ pani o tym myśli?	Was denken Sie darüber?
Jakie jest ♂ pana / ♀ pani zdanie (na ten temat)?	Was ist Ihre Meinung (hierzu)?
Jaka są ♂ pana / ♀ pani poglądy (w tej sprawie)?	Was sind Ihre Ansichten (in dieser Angelegenheit)?
Jakie jest ♂ pana / ♀ pani *stanowisko / nastawienie*?	Was ist *Ihr Standpunkt / Ihre Einstellung*?
Co ♂ pan / ♀ pani o tym sądzi?	Was halten Sie davon?
Jaki jest ♂ pana / ♀ pani stosunek do tej sprawy?	Wo stehen Sie in dieser Sache?
Jaki jest ♂ pański / ♀ pani punkt widzenia?	Wie ist Ihr Standpunkt?
Jak ♂ pan / ♀ pani tę sprawę widzi?	Wie sehen Sie diese Sache?
Myślę, że Marian ma rację.	Ich denke, Marian hat Recht.
Jeśli o mnie chodzi, to uważam to za całkiem dobry pomysł.	Wenn Sie mich fragen, ist das eine vielversprechende Idee.
Osobiście jestem dobrej myśli.	Ich persönlich bin sehr zuversichtlich.
Z mojego punktu widzenia, nie jest to najlepszy moment.	So wie ich das sehe, ist jetzt nicht der beste Zeitpunkt.
Moim zdaniem powinniśmy więcej oszczędzać.	Meiner Meinung nach sollten wir mehr sparen.

Bedeutungsgleich mit *pogląd* sind *opinia* und *zdanie*.

Das Fragewort ist hier entweder *co* oder abhängig vom Geschlecht des Substantivs *jaki / jaka / jakie*. „Davon" und „darüber" werden mit *o tym* wiedergegeben.

Moim zdaniem to strata czasu.	Meiner Meinung nach ist das Zeitverschwendung.
Jestem zdania, że wydajemy zbyt mało na oświatę.	Ich bin der Meinung, dass nicht genug Geld für Bildung ausgegeben wird.
Uważam, że wszyscy musimy więcej pracować.	Ich glaube, dass wir alle härter arbeiten müssen.
Sądzę, że jesteśmy na dobrej drodze.	Ich glaube, wir sind auf dem richtigen Weg.
Moim zdaniem Andrzej nie jest najlepszym kantydatem na to stanowisko.	Ich betrachte Andrzej nicht als den besten Mann für diese Stelle.
Jeśli o mnie chodzi, to wszystko jest w najlepszym porządku.	Was mich betrifft, läuft alles prima.
Z mojego punktu widzenia jest tak, że wzrost konsumpcji pomaga koniunkturze.	Von meiner Warte aus, hilft mehr Konsum der Konjunktur immer.
Jak dla mnie, to jest ona jedną z najlepszych autorek tamtego czasu.	Für mich ist sie eine der besten Schriftstellerinnen ihrer Zeit.
Przypuszczam, że czekają nas duże zmiany.	Ich schätze, es wird große Veränderungen geben.
Sądzę, że Julia wkrótce wróci.	Ich glaube, dass Julia bald zurück sein wird.
Przypuszczam, że to tylko kwestia czasu.	Ich schätze, es ist einfach eine Frage der Zeit.

Die Konstruktion „ich glaube, dass …“ kann auch mit *sądzę, że …* oder *przypuszczam, że …* ausgedrückt werden.

Gut zu wissen!
Konstruktionen, mit deren Hilfe man seine Meinung äußert, sind vor allem *Myślę, że …* (Ich denke, dass …); *Uważam, że … / Sądzę, że …* (Ich meine, dass …); *Jestem zdania, że …* (Ich bin der Meinung, dass …).
Wenn man dem Gesprächspartner die eigene Meinung nicht zu direkt mitteilen möchte, kann man auch folgende Ausdrücke benutzen: *Wydaje mi się jednak, że …*; *Mam / Odnoszę wrażenie, że …* (Eigentlich habe ich den Eindruck, dass …); *Obawiam się, że …* (Ich fürchte, dass …).

Die Meinung äußern

30 Podzielamy czyjąś opinię
Zustimmung ausdrücken

Zgadza się.	Das ist richtig.
Ma ♂ pan / ♀ pani (absolutną) rację.	Sie haben (absolut) Recht.
Masz absolutną rację.	Du hast total Recht.
Dokładnie tak.	Genau das ist es.
Zgadzam się (*z tobą / z tym*).	Ich stimme (*dir / dem*) zu.
Całkowicie się zgadzam.	Ich bin völlig einverstanden.
Widzę to zupełnie tak samo.	Ich sehe das ganz genauso.
Jesteśmy więc tego samego zdania.	Wir sind also einer Meinung.
Jesteśmy jednomyślni.	Wir sind uns einig.
Jestem tego samego zdania.	Ich bin der gleichen Meinung.
Podzielam ♂ pana / ♀ pani *zdanie / opinię*.	Ich teile Ihre Ansicht.
To jest również *moje zdanie / moja opinia / mój pogląd*.	Das ist auch *meine Meinung / meine Ansicht / mein Standpunkt*.
Odnoszę też takie wrażenie.	Das ist auch mein Eindruck.
Najwidoczniej mamy podobne poglądy.	Wir haben anscheinend ähnliche Ansichten.
Też to tak widzę.	So sehe ich es auch.
Zgadzam się (w stu procentach).	Ich bin (hundert Prozent) einverstanden.
Też tak myślę.	Das denke ich auch.
Uważam, że masz rację.	Ich glaube, du hast Recht.

Das deutsche „Ich stimme zu." / „Ich bin einverstanden." wird im Polnischen mit der gleichen Konstruktion wiedergegeben: *Zgadzam się.*

W tej sprawie jesteśmy jednomyślni.	Wir sind in dieser Sache einer Meinung.
Jest w tym dużo prawdy.	Da ist viel Wahres dran.
Tak jest.	So ist es.
Dokładnie.	Genau.
A jakże.	Und ob.
Podoba mi się ten pomysł. – Mnie też.	Ich mag diese Idee. – Ich auch.
Żebyś ♂ wiedział / ♀ wiedziała.	Das kannst du laut sagen.
Jestem o tym (m) przekonany / (f) przekonana.	Davon bin ich überzeugt.
To co ♂ pan / ♀ pani *mówi / myśli*, jest słuszne.	Was Sie da *sagen / denken*, ist korrekt.
Popieram / Pochwalam to.	Das unterstütze ich.
Jestem jak najbardziej za tym.	Ich bin sehr dafür(, das zu tun).
Może ♂ pan / ♀ pani na mnie liczyć.	Sie haben meine volle Unterstützung.
Jesteśmy na dobrej drodze.	Wir sind auf dem richtigen Weg.
♂ Trafiłeś / ♀ Trafiłaś w sedno.	Du hast den Nagel auf den Kopf getroffen.
Nie (m) mógłbym / (f) mogłabym tego lepiej *ująć / powiedzieć*.	Das hätte ich selbst nicht besser sagen können.
♂ Zgadłeś. / ♀ Zgadłaś.	Da liegst du genau richtig.

podobać się komuś (wörtlich: jemandem gefallen)

za tym = dafür
z tym = damit
o tym = davon, darüber

Gut zu wissen!
Das polnische Verb *zgadzać / zgodzić się* hat mehrere Bedeutungen und Anwendungen:
- *zgadzać / zgodzić się na coś* (etwas, z. B. einem Kompromiss, zustimmen)
- *zgadzać się z kimś* (jemandem Recht geben)
- *zgadzać się z czymś* (eine Sache befürworten)
- *zgadzać się ze sobą* (friedlich zusammenleben)

H

Die Meinung äußern

In der ersten Person Singular maskulin ist noch eine weitere Form möglich: *Nie jestem **pewien**, ...* Diese kann aber nur dann verwendet werden, wenn der Satz ausgebaut wird: *... czy się zgadzam.*

„Eigentlich" kann man auch folgendermaßen wiedergeben: *w gruncie rzeczy, tak naprawdę* oder *w istocie.*

Nicht: ~~*Nie jestem taki pewien.*~~

31 Zaprzeczamy czyjejś opinii
Widersprechen

Nie jestem (m) pewny / (f) pewna, czy się zgadzam.	Ich bin mir nicht sicher, ob ich einverstanden bin.
Przykro mi, ale nie zgadzam się (♂ z panem / ♀ z panią).	Tut mir leid, ich stimme (Ihnen) nicht zu.
Przykro mi, ale nie zgadzam się z tym.	Tut mir leid, ich stimme dem nicht zu.
Obawiam się, że jestem innego zdania.	Ich fürchte, da bin ich anderer Meinung.
Właściwie nie można tego tak nazwać.	Ich glaube eigentlich nicht, dass man das so sagen kann.
Raczej w to wątpię.	Das bezweifle ich eher.
Wątpię, czy to prawda.	Ich bezweifle sehr, dass dies der Fall ist.
Nie jestem tego (m) taki pewny / (f) taka pewna.	Da bin ich mir nicht so sicher.
Wydaje mi się to raczej niemożliwe.	Das scheint eher unwahrscheinlich.
Jestem raczej sceptycznie (m) nastawiony / (f) nastawiona.	Ich bin eher skeptisch.
Sądzę, że jest to jakaś pomyłka.	Ich glaube, es liegt ein Missverständnis vor.
Jesteśmy innego zdania.	Wir sind anderer Meinung.
Mamy odmienne poglądy.	Wir haben unterschiedliche Ansichten.
Jestem przeciw(ko) temu.	Ich bin dagegen.

Mamy na ten temat różne zdania.	Wir sind in dieser Sache unterschiedlicher Meinung.
Odnośnie do tego, co przed chwilą ♂ powiedziałeś / ♀ powiedziałaś, muszę ci kategorycznie zaprzeczyć.	Ich muss dir in Bezug auf das, was du gerade gesagt hast, kategorisch widersprechen.
To nie jest *poprawne / właściwe*.	Das ist nicht *richtig / korrekt*.
To nie może być prawda.	Das kann doch nicht wahr sein.
Jestem całkiem innego zdania.	Ich bin völlig anderer Meinung.
Nie ma ♂ pan / ♀ pani racji.	Da liegen Sie ganz falsch.
Jesteś na złym tropie.	Du bist auf der falschen Fährte.
Inaczej to widzę.	Das sehe ich gar nicht so.
Muszę ♂ panu / ♀ pani zaprzeczyć.	Da muss ich Ihnen widersprechen.
Nie mogli dojść do porozumienia.	Sie konnten sich absolut nicht einigen.
Są ze sobą skłóceni.	Sie liegen sich in den Haaren.

„In Bezug auf" heißt im Polnischen auch *w stosunku do …*, *wobec* … oder auch *co do…*

Gut zu wissen!
Wollen Sie ihrem Gesprächspartner kurz und knapp widersprechen, so tun Sie es mit einem einfachen ***ja nie***.
Uwielbiam owoce morza. – A ja nie. (Ich liebe Meeresfrüchte. – Ich nicht.)
Wenn Sie sich einer negativen Meinung oder Aussage anschließen wollen, können Sie das im Polnischen mit Hilfe von ***ja też nie*** machen.
Nie mam drobnych pieniędzy. – Ja też nie. (Ich habe kein Kleingeld. – Ich auch nicht.)

H

Die Meinung äußern

32 Skargi i reklamacje
Beschwerde und Reklamation

Bei schriftlichen Beschwerden sagt man eher *zażalenie*. *wnieść zażalenie* = eine Beschwerde (schriftlich) einreichen

Przykro mi, ale (m) przyszłem / (f) przyszłam ze skargą.	Es tut mir leid, aber ich habe eine Beschwerde.
Niestety muszę poskarżyć się na obsługę.	Ich muss mich leider über den Service beschweren.
Jest mały problem.	Es gibt leider ein kleines Problem.
Wygląda na to, że coś jest nie w porządku.	Es scheint etwas nicht in Ordnung zu sein.
Łazienka nie została posprzątana.	Das Bad ist nicht gereinigt worden.
Ogrzewanie nie działa.	Die Heizung funktioniert nicht.
Nie ma ręczników.	Es gibt keine Handtücher.
Żarówka się przepaliła.	Die Glühbirne ist kaputt.
Coś jest nie tak z klimatyzacją.	Etwas stimmt mit der Klimaanlage nicht.
Toaleta / Ubikacja jest zapchana.	Die Toilette ist verstopft.
To jest za *duże / małe / długie / krótkie*.	Es ist zu *groß / klein / lang / kurz*.
Auto jest brudne.	Das Auto ist dreckig.
Brakuje jednej części.	Ein Teil fehlt.
Kiedy przycisnę guzik, nic się nie dzieje.	Wenn ich den Knopf drücke, passiert nichts.
Ekran pozostaje ciemny.	Der Bildschirm bleibt schwarz.

„kein / keine" wird im Polnischen mit *nie ma* wiedergegeben.

Oder auch: *Samochód jest brudny.*

Im Polnischen sagt man in diesem Fall statt „schwarz" *ciemny* (= dunkel).

Czy może ♂ pan / ♀ pani to naprawić?	Können Sie das bitte richten?
Czy może ♂ pan / ♀ pani coś (z tym) zrobić?	Können Sie etwas (dagegen) tun?
Jestem (m) pewien / (f) pewna, że znajdziemy jakieś wyjście.	Ich bin sicher, dass wir einen Weg finden, das zu klären.
Wiem, że nie jest to ♂ pana / ♀ pani wina.	Ich weiß, dass das nicht Ihre Schuld ist.
(m) Chciałbym / (f) Chciałabym to zamienić.	Ich hätte gern Ersatz.
(m) Chciałbym / (f) Chciałabym to zwrócić.	Ich möchte um Erstattung bitten.
Chcę zwrotu pieniędzy.	Ich will mein Geld zurück.
Chcę rozmawiać z *kierownikiem / kierowniczką*.	Ich will mit *dem Geschäftsführer / der Geschäftsführerin* sprechen.
Żądam móc porozmawiać z kimś, kto jest za to odpowiedzialny.	Ich verlange, die zuständige Person zu sprechen.
Wypraszam sobie takie traktowanie.	Ich verbitte mir eine solche Behandlung.

Pieniądze kommt im Gegensatz zum deutschen „das Geld" meistens im Plural vor.

Gut zu wissen!
Wenn Sie sich bei jemandem beschweren möchten, empfiehlt es sich, stets höflich und sachlich zu bleiben. Ausdrücke mit *chcę* … (ich will …) oder gar *żądam* … (ich verlange …) sollten also nicht allzu oft fallen. Stattdessen können Sie das Gespräch mit Wendungen wie *Przepraszam, ale chciałbym / chciałabym* … (Entschuldigen Sie, aber ich möchte …) oder *Bardzo mi przykro, ale muszę* … (Es tut mir leid, aber ich muss …) beginnen.

I

Unterwegs in der Stadt

Nach *proponuję* steht immer der Infinitiv (vollendeter Aspekt) oder die Konstruktion mit *żeby* und dem Infinitiv: *Proponuję pójść do kina. / Proponuję, żeby pójść do kina.* (Ich schlage vor, wir gehen ins Kino.).

33 Propozycje i rekomendacje Vorschläge und Empfehlungen

Co można tu *zobaczyć / zwiedzić*?	Was gibt es hier zu *sehen / besichtigen*?
Co może ♂ pan / ♀ pani (nam) zaproponować?	Was schlagen Sie (uns) vor?
Czy może nam ♂ pan / ♀ pani dać kilka *rad / wskazówek*?	Können Sie uns ein paar Tipps geben?
Czy może nam ♂ pan / ♀ pani polecić jakąś restaurację?	Können Sie uns ein Restaurant empfehlen?
Czy ♂ miałby pan / ♀ miałaby pani dla nas jakieś ciekawe propozycje?	Hätten Sie ein paar interessante Anregungen für uns?
Co byś ♂ powiedział / ♀ powiedziała na kino?	Wie wäre es mit Kino?
Możecie państwo pójść do parku rozrywki.	Sie könnten in einen Freizeitpark gehen.
Co powiecie o wyprawie na stare miasto?	Wie wär's mit der Altstadt?
Dlaczego nie możemy pójść na plażę?	Warum gehen wir nicht zum Strand?
Wybierzmy się na przejażdżkę *łodzią / łódką*.	Lasst uns eine Bootsfahrt machen.
Proponuję, żeby odpocząć i później znów wybrać się na miasto.	Ich schlage vor, wir ruhen uns aus und ziehen dann wieder los.
Czy *mogę / wolno mi* zaproponować coś innego?	*Kann / Darf* ich einen anderen Vorschlag machen?
Mam lepszy pomysł.	Ich habe eine bessere Idee.

Jeśli chcecie, to możemy wziąć nasz samochód.	Wenn ihr möchtet, können wir unser Auto nehmen.
Chcesz, żeby was zawieźć?	Möchtest du, dass ich euch hinbringe?
Czy możemy spotkać się za pół godziny (przed recepcją)?	Können wir uns in einer halben Stunde (an der Rezeption) treffen?
Może ♂ chciałby pan / ♀ chciałaby pani wypić koktajl w Złotym Ulu.	Vielleicht möchten Sie im Złoty Ul einen Cocktail trinken.
Najlepiej byłoby spotkać się o dziewiątej.	Das Beste wäre, sich um neun zu treffen.
Na twoim miejscu (m) zrobiłbym / (f) zrobiłabym rezerwację przez internet.	An deiner Stelle würde ich online reservieren.
(m) Radziłbym / (f) Radziłabym wam przedtem zarezerwować.	Ich würde euch sehr empfehlen, vorher zu reservieren.
Może pójdziemy po prostu do *pubu / baru*.	Wir könnten einfach *in ein Pub / in eine Kneipe* gehen.
Nie mam lepszego pomysłu, więc może róbmy to, co proponuje Ania.	Mir fällt nichts Besseres ein, also könnten wir auch einfach das tun, was Ania vorschlägt.
Posłuchaj mojej rady: Szkoda *tej fatygi / tego trudu*.	Hör auf meinen Rat: Es ist die Mühe nicht wert.

Das Wort *knajpa* (Kneipe) ist im Polnischen umgangssprachlich und hört sich etwas abwertend an. Man sagt an dieser Stelle besser *knajpka* oder einfach *bar*.

Gut zu wissen!
Das Verb „dürfen" wird im Polnischen mit *móc* übersetzt, welches neben der Möglichkeit auch eine Erlaubnis ausdrückt.
Czy możesz podać mi sól? (Kannst du mir das Salz geben?)
Czy mogę się do ♂ pana / ♀ pani przysiąść? (Darf ich mich zu Ihnen setzen?)
Für Konstruktionen mit „nicht dürfen" gibt es die Übersetzung: *nie wolno*.
Nie wolno przechodzió przez jezdnie przy czerwonym świetle.
(Man darf bei Rot nicht über die Straße gehen.)

I

Unterwegs in der Stadt

34 W restauracji
Im Restaurant

„Tisch" heißt im Polnischen im Allgemeinen *stół*. Gemeint ist hier auch z. B. der Küchentisch: *stół kuchenny*. Ein Tisch in einem Restaurant heißt aber immer *stolik* und nicht ~~*stół*~~!

Danie heißt „das Gericht" (*danie dnia* = Tagesgericht). Es kann aber auch „Gang" (im Menü) heißen: *danie główne* = der Hauptgang.

(m) Chciałbym / (f) Chciałabym zarezerwować stolik.	Ich möchte einen Tisch reservieren.
Dla ilu osób?	Für wie viele Personen?
Poproszę stolik dla czterech osób na godzinę dziewiętnastą trzydzieści.	Ein Tisch für vier Personen um sieben Uhr dreißig, bitte.
Jeśli to możliwe, to chcielibyśmy dostać stolik *przy oknie / na tarasie / w ogrodzie / w jakimś cichym miejscu*.	Nach Möglichkeit hätten wir gern einen Tisch *am Fenster / draußen auf der Terrasse / im Garten / in einer ruhigen Ecke*.
Dobry wieczór, mamy rezerwację na nazwisko ...	Guten Abend, wir haben eine Reservierung auf den Namen ...
Czy możemy prosić o kartę?	Können wir bitte die Speisekarte haben?
Czy jest jakieś danie dnia?	Was für ein Tagesgericht gibt es?
Czy już państwo wybrali?	Haben Sie *(Plural)* gewählt?
Na przystawkę wezmę zestaw sałat.	Ich nehme einen gemischten Salat als Vorspeise.
Jako danie główne (m) chciałbym / (f) chciałabym makaron z łososiem.	Und als Hauptgericht hätte ich gern die Nudeln mit Lachs.
Jestem *wegetarianinem / wegetarianką*.	Ich bin *Vegetarier / Vegetarierin*.
Mam alergię na	Ich bin gegen ... allergisch.
Czy mogę dostać to danie bez ziemniaków?	Kann ich das Gericht ohne Kartoffeln bekommen?

Czy (m) mógłbym / (f) mogłabym dostać za to więcej warzyw?	Könnte ich stattdessen mehr Gemüse bekommen?
(m) Chciałbym / (f) Chciałabym mój stek *krwisty / medium / przesmażony.*	Ich hätte das Steak gern *blutig / medium / durchgebraten.*
Czy może mi ♂ pan / ♀ pani przynieść *jeszczę jeden nóż / nowy widelec / czystą łyżkę?*	Könnten Sie mir bitte *noch ein Messer / eine neue Gabel / einen sauberen Löffel* bringen?
A do picia chcielibyśmy butelkę wody *gazowanej / niegazowanej.*	Und zu trinken hätten wir gern eine Flasche Wasser *mit / ohne* Kohlensäure.
Wezmę jakiś koktajl.	Ich nehme einen Cocktail.
Jestem (m) syty / (f) syta.	Ich bin satt.
Więcej nie dam rady.	Mehr schaffe ich nicht.
Dla mnie proszę bez deseru.	Für mich kein Dessert.
Poproszę rachunek.	Die Rechnung, bitte.
Czy mogę zapłacić kartą (kredytową)?	Kann ich mit Kreditkarte zahlen?
Wszystko razem.	Alles zusammen, bitte.
Płacimy każdy z osobna.	Wir zahlen getrennt.
Jesteś moim gościem. Ja zapłacę.	Du bist mein Gast. Das übernehme ich.
To ja zapłacę następnym razem.	Dann bin ich nächstes Mal dran.

Wörtlich: ohne Dessert

Gut zu wissen!
In vielen Restaurants bekommen Sie noch vor dem richtigen Essen zu den Getränken eine Kleinigkeit zu essen serviert. Oft gibt es z. B. kleine Brötchen mit Butter oder Brot mit Gänseschmalz, die *przekąska* oder *zakąska* genannt werden. Die erste Portion ist meist gratis. Sie können also beherzt zugreifen.
Beim Bezahlen sollten Sie keine getrennten Rechnungen verlangen. Der Betrag kann dann zu einem späteren Zeitpunkt untereinander aufgeteilt werden.

I

Unterwegs in der Stadt

35 Na zakupach
Shopping

Das Adjektiv *drogi (m) / droga (f) / drogie (n)* hat im Polnischen zwei Bedeutungen, und zwar: „teuer" und „lieb". In der zweiten Bedeutung wird es allerdings nur vor Namen verwendet: *Droga Joanno* ... (Liebe Joanna ...).

„Es" oder auch „das" wird im Polnischen wie folgt dekliniert:
Nominativ: *to*
Genitiv: *tego*
Dativ: *temu*
Akkusativ: *to*
Instrumental: *(z) tym*
Lokativ: *(o) tym*

Ile to kosztuje?	Wie viel kostet das?
To jest niestety *zbyt / za* drogie.	Das ist leider zu teuer.
To jest więcej, aniżeli (m) chciałem / (f) chciałam wydać.	Das ist mehr, als ich ausgeben wollte.
Czy nie ma ♂ pan / ♀ pani czegoś tańszego?	Haben Sie etwas Günstigeres?
Szukam prezentu urodzinowego.	Ich suche ein Geburtstagsgeschenk.
Czy mają państwo coś, co mogłoby się spodobać starszej osobie?	Haben Sie etwas, das einer älteren Person gefallen könnte?
Czy mogę ♂ panu / ♀ pani pomóc? – Nie dziękuję, (ja) tylko oglądam.	Kann ich Ihnen helfen? – Danke, ich schaue mich nur um.
Wezmę to.	Ich nehme es.
Dziekuję, ale jednak tego nie wezmę.	Danke, ich nehme es nicht.
Czy mogę to przymierzyć?	Kann ich das bitte anprobieren?
Gdzie są przymierzalnie?	Wo sind die Umkleidekabinen?
Czy dostanę to w innym kolorze?	Hätten Sie es in einer anderen Farbe?
Czy dostanę to o numer *większe / mniejsze*?	Hätten Sie das eine Nummer *größer / kleiner*?

Noszę rozmiar 40. Nie wiem, jaki to jest rozmiar w Polsce.	Ich habe Größe 40. Ich weiß nicht, welcher Größe das in Polen entspricht.
To jest trochę za *ciasne / małe / szerokie / duże*.	Es ist ein bisschen zu *eng / klein / weit / groß*.
Pasuje ♀ *pani / ci*.	Es steht *Ihnen / dir*.
Czy *on / ona / ono* pasuje do tej kurtki?	Passt *er / sie / es* zu dieser Jacke?
To jest dokładnie to, co (m) chciałem / (f) chciałam.	Das ist genau das, was ich mir vorgestellt habe.
To niezupełnie to, czego (m) szukałem / (f) szukałam.	Es ist nicht ganz das, was ich gesucht habe.
Czy mogę to *zamienić / wymienić*?	Kann ich das umtauschen?
(m) Chciałbym / (f) Chciałabym to oddać.	Ich möchte das zurückgeben.
Czy ♂ zachował pan / ♀ zachowała pani *rachunek / paragon*?	Haben Sie noch *die Rechnung / den Kassenbon*?
(m) Chciałbym / (f) Chciałabym zwrot pieniędzy.	Ich hätte gern mein Geld zurück.
Proszę wbić swój PIN i nacisnąć dla potwierdzenia.	Geben Sie bitte Ihre PIN ein und bestätigen Sie.
Do tej karty nie ma PIN-u. Muszę się podpisać.	Zu dieser Karte gibt es keine PIN, ich muss unterschreiben.
Czy może mi ♂ pan / ♀ pani *dać / wydać* drobne?	Könnten Sie mir Kleingeld *geben / herausgeben*?

Nosić heißt wörtlich „tragen", also *noszę rozmiar* ... = ich trage Größe ...

Das Verb *pasować* bedeutet sowohl „gut stehen" als auch „passen" (in Bezug auf die Größe und den Stil): *Pasuje?* (Passt es?)

Gut zu wissen!
In Polen sind die Ladenöffnungszeiten *(godziny otwarcia)* inzwischen sehr kundenfreundlich. Vor allem Einkaufszentren *(centrum handlowe)*, in denen es nicht nur Geschäfte, sondern auch Cafés, Restaurants und Kinos gibt, sind die ganze Woche über bis mindestens 21 Uhr geöffnet. In den Innenstädten dominieren kleine Einzelhandelsgeschäfte, es gibt dort kaum Kaufhäuser.

I

Unterwegs in der Stadt

36 Zakwaterowanie
In der Unterkunft

Czy jest jakiś wolny pokój?	Haben Sie ein Zimmer frei?
Szukamy pokoju *jednoosobowego / dwuosobowego / dla kilku osób*.	Wir suchen ein *Einzel- / Doppel- / Mehrbett*zimmer.
Szukamy na dzisiejszą noc pokoju ze śniadaniem.	Wir suchen für heute Nacht ein Zimmer mit Frühstück.
Chcielibyśmy dostać jakiś *cichy pokój / pokój, którego okna nie wychodzą na ulicę*.	Wir hätten gern *ein ruhiges Zimmer / ein Zimmer, das nach hinten geht*.
Ile to kosztuje?	Wie viel kostet es?
Czy to jest cena ze śniadaniem?	Ist das Frühstück inbegriffen?
Rezerwowaliśmy trzy noclegi na nazwisko ...	Wir haben eine Reservierung für drei Nächte auf den Namen ...
Czy może wypełnić ♂ pan / ♀ pani ten formularz?	Können Sie bitte das Anmeldeformular ausfüllen?
Czy może ♂ pan / ♀ pani tutaj podpisać?	Können Sie bitte hier unterschreiben?
Jaką formę płatności ♂ pan / ♀ pani wybiera?	Wie wollen Sie bezahlen?
(m) Zarezerwowałem / (f) Zarezerwowałam ten pokój przez internet i już za niego (m) zapłaciłem / (f) zapłaciłam.	Das Zimmer wurde über das Internet gebucht und im Voraus bezahlt.
Jeśli płaci ♂ pan / ♀ pani gotówką, trzeba uregulować rachunek już teraz.	Wenn Sie bar bezahlen, brauche ich bitte Vorauskasse.

Man reserviert entweder *na trzy noce* (für drei Nächte) oder *trzy noclegi* (drei Übernachtungen).

Pokój jeszcze nie jest gotowy. Będzie dostępny od godziny czternastej.	Das Zimmer ist noch nicht fertig. Es steht ab 14 Uhr zur Verfügung.
Czy mogę zostawić tu swój bagaż?	Kann ich mein Gepäck hierlassen?

O której godzinie jest śniadanie?	Um wie viel Uhr ist Frühstück?
Gdzie jest *winda / strefa fitness / wellness*?	Wo ist der *Aufzug / Fitnessraum / Wellnessbereich*?
Jakie jest hasło dostępu do internetu?	Wie ist das Passwort für das Internet?
Czy ma ♂ pan / ♀ pani dla mnie plan miasta?	Haben Sie einen Stadtplan?
Czy mają państwo *suszarkę / sejf*?	Haben Sie einen *Föhn / Safe*?

Chcielibyśmy *przedłużyć nasz pobyt o jedną noc / zostać jeszcze na jedną noc.*	Wir möchten *um eine Nacht verlängern / noch eine Nacht bleiben.*
(m) Chciałbym / (f) Chciałabym *się wymeldować / zapłacić rachunek.*	Ich möchte *auschecken / die Rechnung bezahlen.*
Nie, nie (m) miałem / (f) miałam niczego z minibaru.	Nein, ich habe nichts aus der Minibar genommen.

Übrigens: Für den Fall, dass nicht alles Ihren Wünschen entspricht, finden Sie in Kapitel 32 nützliche Wendungen, um Ihre Beanstandungen loszuwerden.

Gut zu wissen!
Übernachtungsmöglichkeiten gibt es in Hotels, Pensionen oder auch in Privatzimmern. Letztere sind heutzutage immer besser ausgestattet und dazu meist preiswert. Wer sich für diese Form der Unterkunft entscheidet, sollte nach dem Schild *wolne pokoje* (Zimmer frei) Ausschau halten.
Immer größerer Beliebtheit erfreuen sich Ferien auf dem Bauernhof (*gospodarstwo agroturystyczne*), wo man das Landleben hautnah miterleben kann.
Im Juli und August sind in ganz Polen Sommerferien. Wer von Ihnen in diesen Monaten in die Touristengebiete Polens (Ostsee, Tatra, Masuren oder Kaschubien) reisen möchte, sollte rechtzeitig eine Unterkunft buchen.

J

Freizeit

37 Zainteresowania i pasje
Das interessiert mich

chętnie coś robić / lubić coś robić = etwas gern machen; *lubić coś* = etwas gern haben

Das Verb *iść* bedeutet „gehen“ mit einem konkreten Ziel / in eine bestimmte Richtung: *iść do domu* (nach Hause gehen); *chodzić* dagegen bedeutet „gehen“ im Sinne von „immer wieder / regelmäßig“: *Ona chodzi już do szkoły.* (Sie geht schon in die Schule.)

Bardzo lubię oglądać stare filmy.	Ich sehe mir sehr gerne alte Filme an.
Najczęściej to ja gotuję i chętnie wypróbowuję przy tym nowe przepisy.	Ich übernehme meistens das Kochen und probiere gern neue Rezepte aus.
Lubię wychodzić z domu i spotykać się z przyjaciółmi w kawiarni.	Ich gehe einfach gern raus und treffe mich mit meinen Freunden im Café.
Chętnie oglądam / Lubię oglądać filmy podróżnicze.	Ich schaue mir gern Reise-Dokus an.
Staram się, na ile to możliwe, nie opuścić żadnego odcinka mojego ulubionego serialu.	Ich verpasse keine Folge meiner Lieblingssoap, wenn ich es irgendwie vermeiden kann.
Lubię słuchać muzyki.	Ich höre gern Musik.
Uczę się samemu gry na gitarze.	Ich bringe mir das Gitarrespielen bei.
Często chodzę na targi staroci.	Ich gehe ziemlich oft auf Flohmärkte.
Pasjonuję się majsterkowaniem.	Ich bin *ein großer Heimwerker / eine große Heimwerkerin*.
Zbieram flakony od perfum.	Ich sammle Parfümflakons.
Mam psa, który mobilizuje mnie do wychodzenia z domu.	Ich habe einen Hund. Das hilft mir, aus dem Haus zu kommen.
Spędzam dużo czasu na *twitterze / skypie / facebooku*.	Ich verbringe viel Zeit mit *Twitter / Skype / Facebook*.

Interesuję się wszystkim, co jest związane z grami komputerowymi.	Ich interessiere mich für alles, was mit Computerspielen zu tun hat.
Korzystamy z każdej okazji, aby podróżować.	Wir nehmen jede Gelegenheit wahr, zu verreisen.
Moją wielką pasją jest praca w ogrodzie.	Ich bin begeisterte(r) Hobbygärtner(in).
To mnie bardzo odpręża.	Dabei kann ich mich sehr gut entspannen.
Spędzam dosyć dużo czasu przed telewizorem.	Ich verbringe ziemlich viel Zeit vor dem Fernseher.
Maria jest zaangażowana w dosyć dużo projektów społecznych.	Maria arbeitet ziemlich viel ehrenamtlich.
Jestem (m) przewodniczącym / (f) przewodniczącą naszego klubu tenisowego.	Ich bin Vorsitzende(r) unseres Tennisvereins.
W wolnym czasie, którego mam mało, nie chcę mieć stresu.	In der wenigen Freizeit, die ich habe, möchte ich es ruhig angehen lassen.
Nie mam niczego, co (m) mógłbym / (f) mogłabym nazwać swoim hobby.	Ich habe nichts, was ich als Hobby bezeichnen würde.
Nie interesuję się polityką.	Ich interessiere mich nicht für Politik.
Staram się pozostać na bieżąco.	Ich versuche auf dem Laufenden zu bleiben.

Nicht vergessen: Die Konstruktion *interesować się* ***kimś / czymś*** (sich für jemanden / etwas interessieren) steht immer in Verbindung mit dem Instrumental.

Verein = *klub* (wenn es um Sport geht), aber auch *stowarzyszenie*.

Gut zu wissen!
Für „Hobby" existieren noch weitere Ausdrücke, wie z. B.: *pasja* oder *konik*. Sie kommen in folgenden Konstruktionen vor:
Jego hobby / konik to … (Sein Hobby ist …)
mieć jakąś pasję / jakieś hobby (ein Hobby haben)
coś jest / staje się czyjąś pasją (etwas wird jemandes Hobby)

J

Freizeit

38 Sport to coś dla mnie
Sport ist mein Ding

W zeszłym roku (m) zacząłem / (f) zaczęłam *grać w golfa / uprawiać sporty walki.*	Ich habe letztes Jahr mit *Golf / Kampfsport* angefangen.
Czy ♂ miałby pan / ♀ miałaby pani ochotę na partię golfa?	Hätten Sie Lust auf eine Runde Golf?
Czy zna ♂ pan / ♀ pani w pobliżu jakiś dobry plac golfowy?	Kennen Sie hier einen guten Golfplatz?
Nie jestem (m) dobry / (f) dobra w *golfie / piłce nożnej.*	Ich spiele nicht gut *Golf / Fußball.*
(m) Zapomniałem / (f) Zapomniałam o rzeczach do sportu.	Ich habe mein Sportzeug vergessen.

Achten Sie in dieser Konstruktion auf die Präposition: *być dobrym w ... / nie być dobrym w ...* (gut / schlecht sein in ...)

Moją wielką pasją są sporty wodne.	Ich bin begeisterte(r) Wassersportler(in).
Uprawiam żeglarstwo / Uprawiam (wind-)surfing / Jeżdżę na nartach wodnych / Nurkuję.	Ich *segle / (wind)surfe / fahre Wasserski / mache Sporttauchen.*
Dzisiaj mamy bryzę, nie za słabą, ale też nie za mocną.	Heute gibt es eine schöne stetige Brise, nicht zu leicht, nicht zu steif.
Czy mogę wypożyczyć kamizelkę ratunkową?	Kann ich eine Rettungsweste ausleihen?
Czy ta łódź jest w pełni wyposażona?	Ist das Boot voll ausgestattet?
Wydano ostrzeżenie przed sztormem.	Es wurde eine Sturmwarnung ausgegeben.

Eine wichtige Konstruktion, die mit Sport in Verbindung steht: *uprawiać sport* = Sport treiben

W weekend najczęściej wybieramy się na wędrówkę.	Wir gehen am Wochenende meistens wandern.
Istnieje szlak turystyczny biegnący wzdłuż wybrzeża.	Es gibt einen Wanderweg entlang der Küste.
Nie ma oznaczonych szlaków turystycznych.	Es gibt keine markierten Wanderwege.
Gdzie znajdę jakiegoś przewodnika górskiego?	Wo finde ich eine(n) Bergführer(in)?
Czy tam jest bardzo stromo?	Ist es sehr steil?
Czy często ♂ pan / ♀ pani chodzi do klubu fitnesowego?	Gehen Sie oft ins Fitnessstudio?
Staram się trenować trzy razy w tygodniu.	Ich versuche, drei Mal die Woche zu trainieren.
Chodzę regularnie na pilates.	Ich gehe regelmäßig ins Pilates.
Lubię tańczyć.	Ich tanze gern.
Uprawiam jogging.	Ich gehe joggen.
Uprawiam *lekkoatletykę / nordic-walking*.	Ich mache *Leichtathletik / Nordic-Walking*.
Jeżdżę na rolkach.	Ich gehe Inlineskaten.
Biegam w maratonie.	Ich laufe Marathon.
Zimą jeżdżę na *nartach / biegówkach*.	Im Winter gehe ich *skifahren / langlaufen*.
Jeżdżę na *łyżwach / sankach*.	Ich gehe *Schlittschuh laufen / rodeln*.
Uprawiam curling.	Ich gehe Eisstockschießen.

Das deutsche Wort „wandern" ist nicht so einfach zu übersetzen: *wędrować (po górach)* – hier meistens in Verbindung mit „in den Bergen" oder *iść / wybrać się na wędrówkę* kommen der deutschen Bedeutung am nächsten.

Ein anderer, gebräuchlicher Ausdruck für „joggen" ist *chodzić biegać*.

Gut zu wissen!
Zu den beliebtesten Sportarten in Polen gehört zweifellos der Fußball (*piłka nożna*), auch wenn die polnische Nationalmannschaft (*drużyna narodowa*) in letzter Zeit eher bescheidene Erfolge erzielt hat. Folgende Ausdrücke kann man im Gespräch unter Fans gut gebrauchen: *drużyna* (Mannschaft), *jedenastka* (die Elf), *bramkarz* (Torwart), *napastnik* (Stürmer), *obrońca* (Verteidiger), *gol* (Tor), *rzut wolny* (Freistoß), *karny* (Elfmeter / Strafstoß), *dostać żółtą kartkę* (die gelbe Karte bekommen).

J

Freizeit

39 Kultura i sztuka
Kunst und Kultur

muzeum (Singular) – *muzea* (Plural)

Kiedy *otwiera się / zamyka się* to muzeum?	Wann *öffnet / schließt* das Museum?
Kiedy jest następne zwiedzanie z przewodnikiem?	Wann ist die nächste Führung?
Czy dysponujecie państwo niemieckojęzycznym przewodnikiem w formie audio?	Haben Sie einen deutschsprachigen Audio-Führer?
Czy można tu robić zdjęcia?	Ist es erlaubt zu fotografieren?
Otwarcie wystawy odbędzie się jutro.	Die Ausstellung eröffnet morgen.
Ile kosztuje katalog (wystawowy)?	Was kostet der Katalog?
Czy mogę wziąć ze sobą *torbę / torebkę*?	Kann ich meine Tasche mit reinnehmen?
Na jakim piętrze znajdują się obrazy Kandinskiego?	In welchem Stock sind die Gemälde von Kandinsky?
Proszę nie dotykać.	Nicht berühren.
Podobają mi się *pejzaże / autoportrety*.	Ich mag die *Landschaften / Selbstporträts*.
Nie przepadam za sztuką współczesną.	Ich habe nicht viel übrig für moderne Kunst.
Zróbmy sobie przerwę i chodźmy do *kawiarni / kafejki*.	Lasst uns Pause machen und ins Café gehen.
Czy ♂ chciałby pan / ♀ chciałaby pani pójść dziś wieczorem *do opery / do teatru / na koncert?*	Möchten Sie heute Abend *in die Oper / ins Theater / in ein Konzert* gehen?
Spotkamy się w foyer.	Ich treffe Sie im Foyer.

parter = Erdgeschoss, *pierwsze / drugie / trzecie piętro* = erster / zweiter / dritter Stock

Präpositionen beachten: *iść / pójść do opery / do teatru / do kina / do galerii / do muzeum*, aber *na wystawę / na koncert*

Bilety są zarezerwowane na moje nazwisko.	Die Eintrittskarten sind auf meinen Namen reserviert.
Czy są jeszcze jakieś bilety?	Gibt es noch Karten?
W którym rzędzie mamy miejsca?	In welcher Reihe sind wir?
Przepraszam, ale chyba siedzi ♂ pan / ♀ pani na moim miejscu.	Entschuldigung, ich glaube, Sie sitzen auf meinem Platz.
Co *grają / wystawiają*?	Was *spielen sie / führen sie auf*?
Kiedy zaczyna się *przedstawienie / spektakl*?	Wann beginnt die Aufführung?
Czy będzie jakaś przerwa?	Gibt es eine Pause?
To jest premiera.	Es ist die Premiere.
On dostał / Ona dostała bardzo dobre krytyki.	*Er / Sie* hat sehr gute Kritiken bekommen.
Kto jest reżyserem?	Wer führt Regie?
Kto dyryguje?	Wer dirigiert?
Aktorzy byli fantastyczni.	Die Darsteller waren fantastisch.
Czy ♂ mógł pan / ♀ mogła pani nadążyć za tokiem akcji?	Konnten Sie der Handlung folgen?
Kto napisał tę sztukę?	Wer hat das Stück geschrieben?
Akustyka była wspaniała.	Die Akustik war großartig.
Dwa razy bisowano.	Es gab zwei Zugaben.

reżyser (Regisseur) – *reżyserować* (Regie führen), *dyrygent* (Dirigent) – *dyrygować* (dirigieren), *aktor* (Darsteller/ Schauspieler) – *grać w teatrze / filmie* (im Theater / Film spielen)

Gut zu wissen!
Die Museen in Polen sind normalerweise die ganze Woche über geöffnet, außer montags *(w poniedziałki)*. Ähnlich wie in ganz Europa finden auch in größeren polnischen Städten regelmäßig *noce muzeów* (Museumsnächte) statt. Der Eintritt ist dann billiger als sonst und man kann mit öffentlichen Verkehrsmitteln zwischen den einzelnen Museen pendeln.

J

Freizeit

40 Popkultura
Popkultur

Möglich ist hier auch: *Masz chęć ...?*

Masz ochotę iść do kina?	Hättest du Lust ins Kino zu gehen?
Moglibyśmy obejrzeć ten nowy James-Bond-film.	Wir könnten den neuen James-Bond-Film anschauen.
Nie lubię *zbytnio / za bardzo* chodzić do kina.	Ich gehe nicht so gern ins Kino.
Co grają w kinie?	Was läuft im Kino?
Seanse zaczynają się o 18.30, 20.30 i 22.30.	Vorführungen sind um 18.30, 20.30 und 22.30 Uhr.
Jest też nocny seans.	Es gibt auch eine Spätvorstellung.
Ten film *dopiero co wchodzi na ekrany / jeszcze nie wszedł na ekrany*.	Der Film *läuft gerade an / ist noch nicht angelaufen*.
Dostał bardzo pozytywne recenzje.	Die Kritiken sind alle sehr positiv.

telewizja = Fernsehen, *telewizor* = Fernseher, Fernsehapparat

zdjęcie = Aufnahme / Foto; *robić zdjęcia* = fotografieren

Co grają w telewizji?	Was läuft im Fernsehen?
Ten film nie był tak dobry jak poprzedni.	Dieser Film hat mir nicht so gut gefallen wie der vorige.
... jest moim ulubionym serialem. Mam wszystkie sezony na DVD.	... ist meine Lieblingsserie. Ich habe alle Staffeln auf DVD.
Efekty specjalne są ekstra.	Die Spezialeffekte sind fabelhaft.
Zdjęcia są przepiękne.	Die Aufnahmen sind überwältigend.

Ten film został nominowany do dwóch Oscarów.	Der Film wurde für zwei Oscars nominiert.
Znasz już ten najnowszy kryminał ...?	Kennst du schon den neuesten Krimi von ...?
Czekam już z niecierpliwością na następną część ...	Ich warte schon sehnsüchtig auf den nächsten Band von ...
Jestem (m) miłośnikiem / (f) miłośniczką *francuskich komiksów / japońskich manga.*	Ich bin ein Fan von *französischen Comics / japanischen Mangas.*
Najnowszy game od ... ma super schatę graficzną.	Das neueste Game von ... hat eine unglaubliche Grafik.
Znasz już najnowszą aplikację Wiadomości?	Kennst du schon die neueste Nachrichten-App?
Masz chęć iść na koncert do Jazzklubu?	Hättest du Lust, auf den Gig im Jazz-Club zu gehen?
Masz chęć wyjść na miasto?	Wollen wir clubben gehen?
To miejsce ma pierwszorzędnych didżejów.	Die Location hat erstklassige DJs.
Ten singel zajął drugie miejsce na liście przebojów.	Die Single hat es auf Platz zwei in den Charts geschafft.
To debiutancki album tej grupy.	Es ist das Debütalbum der Band.
Ich ostatni singel był wielkim hitem.	Ihre letzte Single war ein Megaerfolg.
Tego lata koncertują w Niemczech.	Sie sind diesen Sommer auf Tournee in Deutschland.
To był *wspaniały / okropny* koncert.	Es war ein *großartiges / ganz mieses* Konzert.

kryminał = Krimi; *powieść* = Roman; *komedia miłosna* = Liebeskomödie; *film dokumentalny* = Dokumentarfilm; *film animowany* = Zeichentrickfilm

Gut zu wissen!
Wenn Sie in Polen ins Kino gehen wollen, sollten Sie wissen, dass fast alle ausländischen Filme im Originalton mit polnischen Untertiteln laufen, oder – wenn es um die Fernsehfilme geht – diese parallel von einem polnischen Sprecher „nachgesprochen" werden. In Polen werden grundsätzlich nur Zeichentrickfilme synchronisiert.

K

Urlaub und Reise

41 Plany urlopowe i relacje z podróży
Urlaubspläne und Reiseberichte

Czy ma ♂ pan / ♀ pani jakieś plany na urlop?	Haben Sie Urlaubspläne?
Kiedy bierzesz w tym roku urlop?	Wann nimmst du dieses Jahr deinen Urlaub?

brać / wziąć wolne = freinehmen; *mieć wolne* = freihaben

Został mi jeszcze urlop, a więc wezmę w środę i w czwartek wolne.	Ich habe noch Urlaub(stage) übrig, also nehme ich mir Mittwoch und Donnerstag frei.
Firma będzie zamknięta między Świętami Bożego Narodzenia a Nowym Rokiem.	Die Firma schließt zwischen Weihnachten und Neujahr.

Man unterscheidet zwischen *dzień roboczy / dzień pracy* (Wochentag), *dzień świąteczny / święto* (Feiertag) und *dzień urlopowy* (Urlaubstag).

Czwartek jest świętem, a więc wezmę w piątek wolne i tym sposobem zrobię sobie długi weekend.	Der Donnerstag ist (ein) Feiertag, also nehme ich mir Freitag als Brückentag und mache daraus ein langes Wochenende.
Wyjeżdżamy na kilka dni.	Wir fahren für ein paar Tage weg.

Die Sommerferien bezeichnet man in Polen meistens als *wakacje*, nicht ~~*ferie*~~.

Staramy się nie wyjeżdżać w sezonie wakacyjnym.	Wir versuchen es zu vermeiden, in den Schulferien zu verreisen.
Mamy dzieci, więc musimy dopasować się do wakacji.	Wir haben Kinder, also sind wir an die Schulferien gebunden.

Durchaus üblich ist an dieser Stelle auch der Spruch: *Szerokiej drogi!* (Gute Fahrt).

Szczęśliwej podróży.	Gute Reise.
Udanego urlopu.	Schönen Urlaub.
Zobaczymy się, jak wrócicie.	Wir sehen uns, wenn ihr wieder da seid.
Jak było na urlopie?	Wie war dein Urlaub?

Gdzie ♂ byłeś / ♀ byłaś?	Wo warst du?
Gdzie *mieszkaliście / nocowaliście*?	Wo habt ihr gewohnt?
Jak długo byliście państwo w podróży?	Wie lange waren Sie verreist?
Polecieliśmy do Krakowa.	Wir sind nach Krakau geflogen.
Wynajmowaliśmy mieszkanie na wakacje.	Wir haben eine Ferienwohnung gemietet.
Mieszkaliśmy w *kwaterze prywatnej / hotelu / pensjonacie*.	Wir haben in *einer Privatunterkunft / einem Hotel / einer Pension* gewohnt.
Wynajęliśmy samochód kempingowy i podróżowaliśmy nim przez dwa tygodnie.	Wir haben ein Wohnmobil gemietet und sind zwei Wochen herumgereist.
Wynajmowaliśmy razem z przyjaciółmi dom.	Wir haben mit Freunden zusammen ein Haus genommen.
Zarezerwowaliśmy zorganizowaną wycieczkę.	Wir haben eine Pauschalreise gebucht.
Popłynęliśmy w rejs.	Wir haben eine Kreuzfahrt gemacht.
Kwatera była taka sobie, ale plażę mieliśmy przed drzwiami.	Die Unterkunft war so lala, aber der Strand war vor der Haustür.
Wylegiwaliśmy się na plaży.	Wir haben einfach am Strand gefaulenzt.

Beim vorübergehenden Wohnen, etwa im Hotel, sagt man auch *nocować* (übernachten).

taki sobie / średni / przeciętny = so lala / mittelmäßig / durchschnittlich

Gut zu wissen!
Die Sommerferien dauern in Polen länger als in Deutschland – und zwar ganze zwei Monate (Juli und August). Dafür gibt es keine Pfingst- und Herbstferien. Winterferien *(ferie zimowe)* dauern in der Regel zwei Wochen und finden im Januar / Februar statt.
Der Erholungsurlaub für Arbeitnehmer entspricht im Großen und Ganzen den deutschen Verhältnissen.

42 W podróży
Unterwegs

(m) Chciałbym / (f) Chciałabym dostać miejsce przy *oknie / przejściu*.	Ich hätte gern einen Platz am *Fenster / Gang*.
Czy mogę wziąć to do samolotu jako bagaż podręczny?	Darf ich das als Handgepäck mit an Bord nehmen?
(m) Chciałbym / (f) Chciałabym *zmienić / potwierdzić* rezerwację lotu.	Ich möchte meinen Flug *umbuchen / bestätigen*.
W drodze na lotnisko był korek, dlatego (m) spóźniłem się / (f) spóźniłam się na samolot.	Es gab Stau auf dem Weg zum Flughafen und ich habe meinen Flug verpasst.
Samolot jest opóźniony i nie wiem czy zdąże na dalszy lot.	Der Flug ist verspätet und ich weiß nicht, ob ich meinen Anschlussflug noch bekomme.
Lot został odwołany.	Der Flug ist annulliert worden.
Obawiam się, że siedzi ♂ pan / ♀ pani na moim miejscu. Mam miejsce 6B.	Ich fürchte, Sie sitzen auf meinem Platz. Ich habe 6B.
Czy to auto ma nawigację?	Hat das Auto ein Navi?
Czy to auto to diesel czy benzyniak?	Ist das Auto ein Diesel oder ein Benziner?
Czy może mi ♂ pan / ♀ pani powiedzieć, jak dojechać do Wrocławia?	Können Sie mir sagen, wie ich nach Breslau komme?
(m) Zmyliłem / (f) Zmyliłam drogę.	Ich habe mich verfahren.

Benzin ist in Polen zumeist billiger als in Deutschland. „Tankstelle" heißt *stacja benzynowa*. Tanken können sie dort sowohl *diesel* (Diesel) als auch *benzynę 95/ 98* (Benzin / Super).

Gdzie znajdziemy darmowy parking?	Wo können wir kostenlos parken?
Czy można tu bezpiecznie zaparkować samochód?	Kann man hier sein Auto unbesorgt abstellen?
Mam awarię.	Ich habe eine Panne.
Czy może ♂ pan / ♀ pani zawołać pomoc drogową?	Können Sie den Pannendienst rufen?
Stoimy w korku.	Wir stehen im Stau.
Poproszę bilet do Sopotu, *w jedną stronę / powrotny*.	Eine *Einzelfahrkarte / Hin- und Rückfahrkarte* nach Zoppot, bitte.
Poproszę dwa bilety do dworca głównego.	Zwei Fahrkarten zum Hauptbahnhof, bitte.
Z jakiego peronu odjeżdża pociąg do Gdyni?	Von welchem Bahnsteig geht der Zug nach Gdingen?
Nie potrafię obsługiwać tego automatu. Czy może mi ♂ pan / ♀ pani pomóc?	Ich komme mit dem Fahrkartenautomaten nicht zurecht. Können Sie mir helfen?
Czy muszę się przesiadać, żeby dojechać do Długiego Targu?	Muss ich umsteigen, um zum Langen Markt zu kommen?
Czy ten pociąg zatrzymuje się w Sopocie?	Hält dieser Zug in Zoppot?
Czy ten autobus jedzie do Poznania?	Fährt dieser Bus nach Posen?
Czy może mi ♂ pan / ♀ pani powiedzieć, gdzie muszę wysiąść?	Können Sie mir sagen, wo ich aussteigen muss?

auto = *samochód*

korek = Stau, im Plural (*korki*) jedoch u.a. auch „Korken" und „Sicherung" (im Sicherungskasten).

Der Warschauer Hauptbahnhof heißt *Dworzec Centralny*.

Straßenbahn- und Busfahrkarten kaufen Sie am Kiosk oder an einem Automaten. Vergessen Sie nicht, die Fahrkarte gleich nach dem Einsteigen zu entwerten.

Gut zu wissen!
Polen verfügt über ein gutes Eisenbahnnetz und die meisten Städte sind daran angebunden. Überall dort, wo kein Zug fährt, gibt es eine große Anzahl an Linienbussen. Neben dem staatlichen Busunternehmen *PKS* gibt es inzwischen auch viele private Busfirmen. Die Fahrkarten für die Linienbusse bekommen Sie in Busbahnhöfen am Schalter oder direkt beim Fahrer.

Urlaub und Reise

43 Wycieczki i zwiedzanie
Ausflüge und Besichtigungen

Jesteśmy tu przez kilka dni …	Wir sind ein paar Tage hier …
… i chcemy obejrzeć kilka zabytków.	… und wollen uns ein paar Sehenswürdigkeiten anschauen.
… i chcemy zobaczyć *miasto / okolicę / region*.	… und möchten die *Stadt / Umgebung / Region* sehen.
Co można tu w okolicy zobaczyć i robić?	Was gibt es hier in der Gegend zu sehen und zu tun?
Czy może ♂ pan / ♀ pani nam coś *zaproponować / polecić*?	Können Sie etwas *vorschlagen / empfehlen*?
Czy jest tam coś szczególnie ciekawego?	Gibt es etwas besonders Interessantes dort?
Na jakie wycieczki warto się wybrać?	Welche Ausflüge können wir unternehmen?
Nie jesteśmy wielkimi entuzjastami kultury.	Wir sind keine Kulturfanatiker.
Nie interesujemy się zbytnio ani tą całą historią, ani tradycyjnymi zabytkami.	Wir haben es nicht so mit historischem Zeug und traditionellen Sehenswürdigkeiten.
Szukamy czegoś wyjątkowego.	Wir suchen ein bisschen 'was Besonderes.
Czy możemy dołączyć do grupy z przewodnikiem?	Können wir eine Führung mitmachen?
Kiedy zaczyna się następne zwiedzanie z przewodnikiem?	Wann ist die nächste Führung?

Das Wort „Sehenswürdigkeit" lässt sich nur schwer ins Polnische übersetzen. Am nächsten kommt der deutschen Bedeutung *zabytek* (für alles, was mit Geschichte zu tun hat) oder *atrakcja turystyczna* (eher allgemeiner Begriff für alles, was man sich anschauen sollte).

Substantivierte Adjektive werden kleingeschrieben: *coś wyjątkowego / ciekawego / dużego* (etwas Besonderes / Interessantes / Großes).

Jakie są godziny otwarcia?	Wie sind die Öffnungszeiten?
Czy dostanę u państwa *prospekty / przewodnik* w języku niemieckim?	Haben Sie *Prospekte / einen Führer* auf Deutsch?
Czy to daleko?	Ist es weit (entfernt)?
Jak długo trwa zwiedzanie miasta autokarem?	Wie lange dauert die Busrundfahrt?
Ile to kosztuje?	Wie viel kostet es?
Ile kosztuje wstęp?	Was kostet der Eintritt?
Czy są jakieś zniżki dla *dzieci / studentów / seniorów*?	Gibt es Ermäßigungen für *Kinder / Studenten / Senioren*?
Tam znajduje się ...	Es gibt dort ...
... *słynna katedra / słynne stare miasto.*	... eine berühmte *Kathedrale / Altstadt.*
... słynny *zamek / pomnik.*	... ein bekanntes *Schloss / Denkmal.*
Obecnie odbywa się tam festiwal.	Zurzeit findet dort ein Festival statt.
Tam znajduje się *rezerwat przyrody / park narodowy.*	Es gibt dort *ein Naturschutzgebiet / einen Nationalpark.*
Można wybrać się na wycieczkę łodzią po porcie.	Es gibt Bootsausflüge rund um den Hafen.
W czasie odpływu można dojść na wyspę.	Man kann bei Ebbe zur Insel laufen.

przewodnik (Führer) bezeichnet sowohl die Person als auch das Buch. Allerdings gibt es bei der Person eine männliche und eine weibliche Variante des Wortes: *przewodnik / przewodniczka* (Reiseführer / Reiseführerin).

Gut zu wissen!
In Polen gibt es viele Sehenswürdigkeiten. Vor allem in großen Städten wie *Warszawa* (Warschau), *Wrocław* (Breslau), *Kraków* (Krakau) oder *Gdańsk* (Danzig) gibt es viel zu sehen – Geschichtliches und weniger Geschichtliches.
Wenn Sie sich für musikalische Veranstaltungen interessieren, so können Sie z. B. das Festival der Klezmerischen Musik, welches alljährlich Ende Juni im berühmten jüdischen Krakauer Stadtviertel *Kazimierz* stattfindet, besuchen. Und für Liebhaber klassischer Musik bietet sich das Chopin Festival Anfang August in *Duszniki Zdrój* an.

K

Urlaub und Reise

Die Entsprechung für das deutsche „Wellness“ lautet im Polnischen *odnowa biologiczna* oder – aus dem Englischen übernommen – *Spa*.

44 Odnowa biologiczna i relaks
Wellness und Erholung

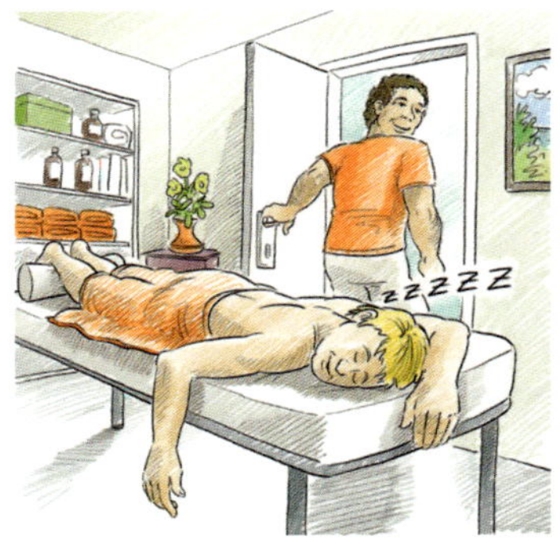

Czy ten hotel posiada *centrum odnowy biologicznej / saunę / saunę parową?*	Hat das Hotel *ein Wellness-Zentrum / eine Sauna / ein Dampfbad*?
Czy macie państwo salę do *jogi / medytacji*?	Haben Sie einen *Yoga- / Meditations*raum?
Jakie *formy masażu / zabiegi kosmetyczne* oferujecie państwo?	Welche *Massagen / Kosmetik-anwendungen* bieten Sie an?
Czy oferujecie państwo *masaże z zakresu ajurwedy / akupresury / masaże lecznicze?*	Bieten Sie *Ayurveda- / Akupressur- / medizinische* Massagen an?
Strefa Spa obejmuje basen z podgrzewanym poolem na zewnątrz oraz Jacuzzi.	Der Wellnessbereich umfasst ein Schwimmbad mit beheiztem Außenbecken sowie einen Whirlpool.
Czy dajecie państwo (nieodpłatnie) szlafroki i klapki?	Werden Bademäntel und Badesandalen (kostenlos) zur Verfügung gestellt?
Czy muszę przynieść ze sobą ręcznik?	Muss ich ein Handtuch mitbringen?
Jakie są godziny otwarcia *sauny / strefy Spa / basenu?*	Wann hat *die Sauna / der Wellnessbereich / der Pool* geöffnet?
Czy trzeba umawiać się na jakiś konkretny termin?	Muss ich einen Termin vereinbaren?
(m) Chciałbym / (f) Chciałabym …	Ich hätte gern …
… dać zrobić *pedikiur / manikiur*.	… *eine Pediküre / eine Maniküre.*
… okład z fango.	… eine Fangopackung.

... odmładzający zabieg na twarz.	... eine Anti-Aging-Gesichtsbehandlung.
... peeling na całe ciało.	... ein Ganzkörper-Peeling.
(m) Chciałbym / (f) Chciałabym zapisać się na zabiegi detoksykacyjne.	Ich möchte gern ein Entgiftungsprogramm buchen.
Jestem (m) umówiony / (f) umówiona na 11.30 na zabieg z *aromaterapii / refleksologii*.	Ich habe um 11.30 Uhr einen Termin für eine *Aromatherapie / Fußreflexzonenmassage*.
Mam tutaj bon na kąpiel w algach morskich.	Ich habe einen Gutschein für ein Meeresalgenbad.
Czy macie państwo produkty kosmetyczne dla alergików?	Haben Sie Hautpflegeprodukte für Allergiker?
Czy jest tu też sauna dla kobiet?	Gibt es auch eine Damensauna?
Czy ♂ mógłby pan / ♀ mogłaby pani uważać na moją lewą stopę.	Seien Sie bitte vorsichtig mit meinem linken Fuß.
Mam *napięte mięśni pleców / bóle prawego barku*.	Ich habe *Muskelverspannungen im Rücken / Schmerzen in der rechten Schulter*.
Po zajęciach z jogi czuje się super.	Nach dem Yoga geht es mir immer super.
Najlepiej odprężam się przy dobrym masażu.	Am besten entspanne ich bei einer guten Massage.

einen Termin für etw. haben = *być umówionym na coś*

Die häufigsten Wendungen, die mit *sauna* gebildet werden, sind: *iść do sauny* (in die Sauna gehen) und *wziąć kąpiel w saunie* (ein Saunabad nehmen).

Gut zu wissen!
Im Grenzgebiet Deutschland-Polen entstanden in den letzten Jahren sehr viele Wellness-Zentren, Beauty- und Reha-Kliniken oder private Zahnarztpraxen. Sie bieten meist einen hohen Standard bei niedrigeren Gebühren als in Deutschland. In fast jeder dieser Einrichtungen finden Sie auch deutschsprachiges Personal. Deswegen begeben sich immer mehr Deutsche nach Polen, um teure oder aufwändige medizinische Behandlungen in Anspruch zu nehmen oder sich für ein paar Tage zu entspannen.

L

Am Telefon

45 Prywatne rozmowy telefoniczne
Private Telefonate

Wer sein privates Telefon abnimmt, meldet sich mit *Słucham.* (Ich höre.) oder einem simplen *Tak?* (Ja?).

Halo, tu mówi Martina z Niemiec.	Hallo, hier spricht Martina aus Deutschland.
Miło cię znowu (u)słyszeć.	Schön, wieder von dir zu hören.
Jaka miła niespodzianka!	Das ist aber eine schöne Überraschung!
Sporo czasu minęło.	Das ist ja lange her.
Długo się nie ♂ odzywałeś / ♀ odzywałaś.	Ich habe eine ganze Weile nichts von dir gehört.
Co u ciebie?	Nun, wie geht's denn so?
Dzwonię do ciebie, bo …	Ich rufe dich an, weil …
Planuję *przyjechać / wpaść* (do Polski).	Ich plane (in Polen) vorbeizukommen.
(m) Chciałbym / (f) Chciałabym cię odwiedzić.	Ich würde dich gerne besuchen.
(m) Chciałem / (f) Chciałam tylko zapytać, co u ciebie.	Ich wollte einfach Hallo sagen.
Mam wyrzuty sumienia, bo tak długo się nie (m) odzywałem / (f) odzywałam.	Ich habe fast ein schlechtes Gewissen, weil ich mich nicht gemeldet habe.
Nie szkodzi. / Nie ma problemu.	Kein Problem.
Cześć, to ja.	Hallo, ich bin's.
Masz chwilkę?	Hast du einen Moment?
Mam nadzieję, że ci nie przeszkadzam.	Ich hoffe, ich störe dich nicht.

Mam nadzieję, że nie przeszkadzam wam w jedzeniu.	Ich hoffe, ihr seid nicht gerade beim Essen.
Czy (m) zastałem / (f) zastałam Julię? Mogę ją na chwilkę poprosić?	Ist Julia da? Kann ich kurz mit ihr sprechen?
Niestety, dopiero co wyszła. Ale możesz zadzwonić do niej na komórkę.	Tut mir leid, sie ist gerade gegangen. Aber du erreichst sie auf ihrem Handy.
Czy możesz ją poprosić, żeby do mnie oddzwoniła?	Kannst du sie bitten, mich zurückzurufen?
Nie mogę teraz rozmawiać. Mogę oddzwonić?	Es passt im Moment nicht so gut. Kann ich zurückrufen?
Do *kiedy / której* mogę dzwonić?	Bis wann kann ich anrufen?
Jestem w domu. Możesz zadzwonić do mnie na telefon stacjonarny? Masz mój numer?	Ich bin zu Hause. Kannst du mich auf dem Festnetz anrufen? Hast du die Nummer?
Mam nowy numer komórki.	Ich habe eine neue Handynummer.
Bateria mi się rozładowuje.	Mein Akku geht zu Ende.
Nie mam dobrego zasięgu.	Ich habe kein sehr gutes Signal.
Niestety, naraz się ♂ rozłączyłeś / ♀ rozłączyłaś.	Tut mir leid, du warst auf einmal weg.
Źle cię słyszę.	Ich höre dich nicht gut.
Ja cię dobrze słyszę. A ty mnie?	Ich höre dich gut. Kannst du mich hören?
Odłożę słuchawkę i zadzwonię jeszcze raz.	Ich lege auf und rufe noch einmal an.

„Handy" heißt im Polnischen *telefon komórkowy* oder kurz *komórka*. Das „Festnetz" heißt *telefon stacjonarny*.

zadzwonić do kogoś = jemanden anrufen, *oddzwonić do kogoś* = jemanden zurückrufen

Nicht verwechseln! Das Wort *akumulator* bedeutet im Polnischen „(Auto)batterie"; der „Akku" fürs Telefon heißt *bateria*.

„hören" heißt *słyszeć*: *Nic nie słyszę*. (Ich höre nichts.), „(zu)hören" heißt *słuchać*: *Lubię słuchać muzyki*. (Ich höre gern Musik.)

Gut zu wissen!
Wer gerade kein Handy zur Hand hat und trotzdem telefonieren möchte oder muss, kann in Polen immer noch auf den guten alten Karten- oder Münztelefonautomat ausweichen. Bei einem Notruf wählt man die Nummer 112.

L

Am Telefon

46 Służbowe rozmowy telefoniczne
Geschäftliche Telefonate

In Polen ist es auch in Firmen nicht üblich, dass man sich ausschließlich mit dem Nachnamen meldet. Meist sagt man den Firmennamen und eventuell danach den eigenen Vor- und Nachnamen.

rozmawiać z kimś = mit jemandem sprechen; aber: „Sie spricht viel." – *Ona dużo mówi.* (nicht ~~rozmawia~~).

targ = Markt (auf dem man z. B. Gemüse kauft), *targi* = Messe

Dzień dobry, firma Budotex. *Jak / W czym* mogę ♂ panu / ♀ pani pomóc?	Guten Tag, Fa. Budotex. Wie kann ich Ihnen helfen?
Witam, Teleart Polska. Karolina Maj przy telefonie.	Teleart Polen. Karolina Maj am Apparat.
Tu mówi Bernd Meyer, dzwonię z Hamburga.	Hier spricht Bernd Meyer, ich rufe aus Hamburg an.
Tu Adam Drozd z firmy TCM. Co słychać?	Hier ist Adam Drozd von der Firma TCM. Wie geht's?
Czy mogę rozmawiać z panią Pauliną Jabłonowską?	Kann ich bitte mit Paulina Jabłonowska sprechen?
Czy (m) zastałem / (f) zastałam Martina? – Chwileczkę, już ♂ pana / ♀ panią łączę.	Ist Martin da? – Einen Augenblick, ich stelle Sie durch.
(m) Dostałem / (f) Dostałam pana nazwisko od koleżanki.	Ihren Namen habe ich von einer Kollegin.
Państwa firma została mi polecona.	Ihr Unternehmen ist mir empfohlen worden.
Poznaliśmy się na targach w Monachium.	Wir haben uns auf der Messe in München kennengelernt.
Jak / W czym mogę ♂ panu / ♀ pani pomóc?	Was kann ich für Sie tun?
Czy mogę spytać, o co chodzi?	Darf ich fragen, worum es geht?
Dzwonię w sprawie ostatniego zamówienia.	Ich rufe wegen Ihrer letzten Bestellung an.

Próbuję rozwiązać problem dotyczący ostatniej wpłaty.	Ich versuche, das Problem mit der letzten Zahlung in Ordnung zu bringen.
(m) Chciałbym / (f) Chciałabym umówić się na konkretny termin.	Ich möchte einen Termin vereinbaren.
Czy ♂ pan jest za to odpowiedzialny / ♀ pani jest za to odpowiedzialna?	Sind Sie dafür zuständig?
Jeśli może ♂ pan / ♀ pani chwileczkę poczekać, to poszukam kogoś, kto będzie umiał ♂ panu / ♀ pani pomóc.	Wenn Sie einen Moment dranbleiben, finde ich jemanden, der Ihnen helfen kann.
Podam ♂ panu / ♀ pani swój numer. Numer kierunkowy państwa to 0049, numer kierunkowy do Monachium to 89 i mój numer to …	Ich gebe Ihnen meine Nummer. Die Ländervorwahl ist 0049, die Vorwahl für München ist 89 und meine Nummer ist …
Niestety nie wszystko (m) zrozumiałem / (f) zrozumiałam.	Das habe ich leider nicht ganz mitbekommen.
Niestety coś mi wypadło. Muszę *przełożyć / odwołać* nasze spotkanie.	Es ist leider etwas dazwischengekommen. Ich muss unseren Termin *verschieben / absagen*.
Jedno z zebrań się nie odbędzie, tak więc możemy spotkać się we wcześniejszym terminie.	Eine andere Sitzung fällt aus, sodass wir unser Treffen vorziehen können.

numer wewnętrzny = Durchwahl
Die Ländervorwahl von Polen ist 0048.

Viele weitere nützliche Sätze um sicherzugehen, dass man alles verstanden hat, finden Sie in Kapitel 7. Und wenn es mal mit der Verbindung hapert, werfen Sie einen Blick auf Seite 95 im vorangegangenen Kapitel.

Gut zu wissen!
Wenn Sie mit Ihren polnischen Geschäftspartnern telefonieren, denken Sie daran, dass ein wenig Smalltalk – unter einander bereits bekannten Personen – wichtig ist, bevor man zum geschäftlichen Teil übergeht. Einige Redemittel helfen dabei: *Co?* (Was?), *Tak?* (Ja? / So?), *Naprawdę?* (Wirklich?), *Pewnie.* (Sicher.), *Ma ♂ pan / ♀ pani rację.* (Sie haben recht.), *Ach tak.* (Ach so.), *No cóż.* (Naja.), *Słucham?* (Wie bitte?), *No jasne.* (Na klar.).

L

Am Telefon

47 Zostaw wiadomość
Eine Nachricht hinterlassen

Die Verneinung mit „nicht“ wird hier mit *nie ma* ausgedrückt.

Przykro mi, pani Bergman nie może podejść do telefonu. Jest …	Frau Bergman ist leider nicht erreichbar. Sie ist …
… na zebraniu / w podróży służbowej / zajęta / na przerwie obiadowej.	*… in einer Sitzung / auf Geschäftsreise / beschäftigt / in der Mittagspause.*
Nie ma jej w biurze.	Sie ist nicht im Büro.
Czy mogę coś przekazać?	Kann ich etwas ausrichten?
Czy chce ♂ pan / ♀ pani zostawić jakąś wiadomość?	Wollen Sie eine Nachricht hinterlassen?
Czy ma do ♂ pana / ♀ pani oddzwonić?	Soll sie zurückrufen?
Tak, (m) byłbym wdzięczny / (f) byłabym wdzięczna.	Ja, bitte. Das wäre nett.
Spróbuję później jeszcze raz zadzwonić.	Ich versuche es später noch einmal.
Będzie ciężko się do mnie dodzwonić.	Ich werde etwas schwer zu erreichen sein.
Mam (teraz) kilka spotkań pod rząd.	Ich habe (jetzt) eine Reihe von Sitzungen.
O której godzinie wróci?	Um wie viel Uhr ist sie wieder da?
Może ♂ pan / ♀ pani spróbować zadzwonić za jakieś pół godziny.	Sie könnten es vielleicht in einer halben Stunde versuchen.
Niestety nie wiem, kiedy wróci.	Ich weiß leider nicht, wann sie wieder da sein wird.

Czy może ♂ pan / ♀ pani mu przekazać, że (m) dzwoniłem / (f) dzwoniłam?	Könnten Sie ihm einfach ausrichten, dass ich angerufen habe?
Czy może go ♂ pan / ♀ pani poprosić, aby do mnie oddzwonił?	Würden Sie ihn bitten, sich bei mir zu melden?
Czy ma ♂ pański / ♀ pani numer?	Hat er Ihre Nummer?
Czy to ten numer, który się wyświetla?	Ist es die Nummer hier auf meinem Display?
Chwileczkę, muszę poszukać coś do pisania.	Einen Moment, ich muss etwas zum Schreiben holen.
Ok, proszę niech ♂ pan / ♀ pani kontynuuje.	Gut, bitte fahren Sie fort.
Przepraszam, to było 9609?	Entschuldigung, war das 9609?
Przepraszam, ♂ powiedział pan / ♀ powiedziała pani B jak Beata?	Entschuldigung, sagten Sie B wie Berta?
Czy mogę to ♂ panu / ♀ pani jeszcze raz przeczytać?	Kann ich das kurz wiederholen?
Tu mówi Michał Gawron. Chciałbym zostawić wiadomość dla Sandry Bukowskiej.	Das ist eine Nachricht von Michał Gawron für Sandra Bukowska.
Na wszelki wypadek podaję raz jeszcze swój numer: …	Hier für alle Fälle noch einmal meine Nummer: …
Witaj Mike, tu mówi Lisa. Będę tu do około 19stej.	Hallo Mike, hier spricht Lisa. Ich bin bis etwa 19.00 Uhr hier.

Zum Buchstabieren siehe auch die hintere Umschlaginnenseite.

Vorsicht: *automatyczna sekretarka* = Anrufbeantworter, aber *sekretarka* = Sekretärin.

Gut zu wissen!
Bei Telefonnummern gibt es zwei Varianten, diese anzugeben, und zwar entweder mit Hilfe von Einzelziffern *(zero zero cztery osiem, dwa dwa, jeden siedem, sześć sześć sześć, jeden trzy)* oder durch zusammenhängende Zahlen (jeweils für die Ländervorwahl, Ortsvorwahl und die Nummer selbst): 0048 22 1766613 = *zero zero czterdzieści osiem, dwadzieścia dwa, siedemnaście, sześćset sześćdziesiąt sześć, trzynaście.*

L

Am Telefon

48 Rezerwujemy stolik i składamy zamówienie
Reservieren und bestellen

Nützliche Sätze für den Besuch im Restaurant stehen in Kapitel 34.

Bitte beachten Sie die Präposition: ***Na** jakie **nazwisko**? – Rezerwowaliśmy **na nazwisko** Meyer.*

Chcę zamówić ... (Ich möchte ... bestellen.): *... jedną pizzę ...* (eine Pizza); *... dwie / trzy / cztery pizze ...* (zwei / drei / vier Pizzas); *... pięć pizz ...* (fünf Pizzas)

Verwechseln Sie nicht: *ulica* = Straße in einem Ort und *droga* = Straße außerhalb einer Ortschaft.

(m) Chciałbym / (f) Chciałabym zarezerwować stolik.	Ich möchte einen Tisch reservieren.
Stolik dla czterech osób na 19.30.	Ein Tisch für vier Personen um 19.30 Uhr.
Na jakie nazwisko?	Auf welchen Namen bitte?
Niestety nie mamy już wolnych miejsc.	Wir sind leider ausgebucht.
Mogę przyjąć rezerwację najwcześniej na godzinę 21.	Das Früheste, was ich anbieten kann, ist 21.00 Uhr.
Czy naprawdę nie ma już nic wolnego?	Ist wirklich gar nichts mehr frei?
(m) Chciałbym / (f) Chciałabym zamówić coś do jedzenia.	Ich möchte etwas zum Essen bestellen.
Dwie pizze z salami proszę.	Zwei Pizza Salami bitte.
Poproszę numer 37 i 69.	Die Nummer 37 und die 69, bitte.
Proszę dostarczyć zamówienie na ulicę Koszykową 14, dla państwa Meyer.	Bitte liefern Sie das Essen in die Koszykowa Straße 14, zu Meyer.
Czy mogę prosić ♂ pana / ♀ panią o numer komórki?	Kann ich bitte Ihre Handynummer haben?
To będzie trwało około 40 minut. Płatne przy odbiorze.	Wir liefern in circa 40 Minuten. Bezahlung bei Lieferung.
(m) Chciałbym / (f) Chciałabym zamówić taksówkę.	Ich möchte ein Taxi bestellen.

Na jutro rano, na lotnisko.	Für morgen früh, zum Flughafen.
Cztery osoby plus bagaż.	Für vier Personen und ihr Gepäck.
Pod / Na jaki adres?	Wie lautet die Adresse?
Proszę podać dokładną nazwę ulicy i numer domu.	Sagen Sie mir bitte die genaue Straße und die Hausnummer.
Jak długo będziemy jechać?	Wie lange werden wir voraussichtlich brauchen?
Czy mają państwo jeszcze wolny pokój na dzisiejszą noc?	Haben Sie ein freies Zimmer für heute Nacht?
Kiedy możemy się ♂ pana / ♀ pani spodziewać? – Około godziny ...	Wann werden sie etwa ankommen? – Ungefähr um ...
Poproszę dwa bilety na „Jezioro Łabędzie“, na godzinę 20stą.	Zwei Karten für die 20-Uhr-Vorstellung von „Schwanensee“.
Czy są jeszcze bilety na dziś wieczór?	Haben Sie noch Karten für heute Abend?
Mam jeszcze dwa miejsca obok siebie w 14 albo 17 rzędzie.	Ich habe noch zwei Plätze zusammen in Reihe 14 oder 17.
Gdzie będzie najlepiej widać?	Von wo haben wir die beste Sicht?
Weźniemy te w 14 rzędzie.	Wir nehmen die Reihe 14.

Beachten Sie die Präposition: ***na lotnisko*** (zum Flughafen) / ***na dworzec*** (zum Bahnhof)

Zum Thema Hotel bzw. Unterkunft siehe auch Kapitel 36.

Gut zu wissen!
Wer sich ein Taxi direkt von einem Taxistand nimmt, z. B. am Hauptbahnhof oder am Flughafen, sollte vorsichtig sein. Manchmal nutzen die Taxifahrer die Unkenntnis der Touristen aus und verlangen den zwei- oder sogar dreifachen Fahrpreis. Am besten, man bestellt sich telefonisch ein Taxi von der Taxizentrale. Die Telefonnummern der Taxizentrale hängen an vielen öffentlichen Plätzen aus.

M

Medien und Kommunikation

49 Sms-y i wysyłanie wiadomości
SMS und Messaging

Im Polnischen werden auch viele englische Abkürzungen verwendet. Diese werden hier mit „engl." gekennzeichnet und es wird die jeweilige englische Entsprechung genannt. Die polnische Erklärung für das Kürzel wird ebenfalls angegeben.

Die Einträge sind zur besseren Orientierung in alphabetischer Reihenfolge (polnische Spalte) angegeben.

Statt *D* wird auch oft die Abkürzung *thx* (engl. „*thanks*") verwendet.

2L8 (*engl. „too late"*) = za późno	zu spät
4u (*engl. „for you"*) = dla ciebie	für dich
4ever (*engl. „forever"*) = na zawsze	für immer
asap (*engl. „as soon as possible"*) = najszybciej jak to możliwe	sobald wie möglich
atb (*engl. „all the best"*) = wszystkiego najlepszego	alles Gute
atm (*engl. „at the moment"*) = w tej chwili	im Augenblick
bc (*engl. „because"*) = ponieważ	weil
bd = będę	komme
bdp = będę potem	komme später
cb = ciebie	dich
c.d. = ciąg dalszy	Fortsetzung
c.d.n. = ciąg dalszy nastąpi	Fortsetzung folgt
cr? = co robisz?	Was machst du?
ct? = co tam?	Was gibts?
cu (*engl. „see you"*) = do zobaczenia	bis bald / bis nachher
D = dziękuję	danke
itd = i tak dalej	und so weiter
itp = i tym podobne	und so ähnlich
jbc = jakby co	wenn was ist
jw = już wiem	ich weiß schon

k, kk (*engl. „okay“*) = okay	okay
kc = kocham cię	ich liebe dich
lc = lubię cię	ich mag dich
md = miłego dnia	schönen Tag
msg (*engl. „message“*) = wiadomość	Nachricht / SMS
mw = miłego wieczoru	schönen Abend
nm = nie ma mnie	bin nicht da
nmzc = nie ma za co	keine Ursache
np = na przykład	zum Beispiel
nq = narka (Slang für *narazie*)	bis dann
nw = nie wiem	ich weiß nicht
odp = odpisz	schreib / sims zurück
pc? = po co?	wozu?
pzdr = pozdrowienia	Grüße
sb = siebie / sobie	sich
sql = szkoła	Schule
tb = tobie	dir
tw = twój / twoja / twoje	dein / deine / dein
tzn = to znaczy	das heißt
w8 (*engl. „wait“*) = czekaj	warte
we = weekend	Wochenende
wg = według	nach / gemäß
wgl = w ogóle	gar nicht

Statt *nw* kann man auch die Abkürzung *idk* (engl. *„I don't know“*) verwenden.

In Kapitel 50 finden Sie viele weitere Abkürzungen, die Sie auch beim Simsen verwenden können.

Gut zu wissen!
Die Abkürzungen in Kurznachrichten werden im Polnischen meist aus den Anfangsbuchstaben mehrerer Wörter gebildet oder stellen Wörter dar, die lautmalerisch durch Zahlen oder Symbole ersetzt werden, z. B. *3Msię* (*3 = trzy, M = maj* plus *się*) = *trzymaj się* (Machs gut.). Die Kreativität ist in diesem Bereich sehr groß.

M

Medien und Kommunikation

50 Czat i portale społecznościowe
Chatten und soziale Netzwerke

Viele der in Kapitel 49 genannten Kürzel werden natürlich auch in Chats und Posts verwendet. Und auch hier dominiert das Englische.

Włącz facebook-czat.	Komm in den Facebook-Chat.
Spotkamy się na czacie?	Willst du chatten?
Google-czat w sobotę?	Google-Chat am Samstag?
Postuj to na swojej stronie.	Poste es auf deiner Seite.
Podziel się linkiem.	Teile diesen Link.
To pojawiło się w moich nowościach.	Es erschien in meinem News Feed.

Mit @ machen Sie in einem größeren Chat deutlich, an wen Sie sich richten wollen: *@ Marek: Masz* … (für Marek: Hast du …).

Gadu-Gadu: *Gadu-Gadu* ist ein polnischer Instant-messenger. Wörtlich übersetzt bedeutet es „laber laber".

@ = at	an, für
AFK (*engl. „away from keyboard"*) = z dala od klawiatury	nicht am Computer
ATSD = a tak swoją drogą	bei dieser Gelegenheit
BAK (*engl. „back at keyboard"*) = z powrotem przy klawiaturze	zurück am Computer
DCW = dla ciebie wszystko	für dich (tue ich) alles
EZ (*engl. „easy"*) = *łatwe / łatwizna*	einfach
fb = facebook	Facebook
G2G (*engl. „got to go"*) = muszę iść	(ich) muss gehen
gg = gadu gadu	„Gadu Gadu"
jj = już jestem	bin schon da
L8R (*engl. „later"*) = później	später
LOL (*engl. „laugh out loud"*) = śmiać się głośno	*ich muss laut lachen / hahaha*

MBSZ = moim bardzo skormnym zdaniem	wenn ich auch etwas sagen dürfte
NP (*engl. „no problem“*) = nie ma sprawy	kein Problem
OCB = o co biega?	was ist los?
OFC (*engl. „of course“*) = oczywiście	selbstverständlich
OIW = o ile wiem	soviel ich weiß
OMG (*engl. „oh my God“*) = o mój Boże	oh mein Gott
PLZ (*engl. „please“*) = proszę	bitte
SRY (*engl. „sorry“*) = przepraszam	Entschuldigung
TBH (*engl. „to be honest“*) = szczerze mówiąc	ehrlich gesagt
WTH (*engl. „What the hell?“*) = co do diabła?	was zum Teufel?
Y (*engl. „why“*) = dlaczego?	warum?
zw = zaraz wracam	bin gleich zurück

Öfter gebraucht, aber auch ziemlich vulgär: *WTF* (engl. *„What the f*?“ = Co jest kur … ?*)

Statt *zw* wird oft auch *BRB* (engl. *„be right back“*) verwendet.

Gut zu wissen!
Die Sprache in den sozialen Netzwerken wandelt sich ständig und führt immer wieder zu neuen Wortschöpfungen:
postować = posten, d. h. einen Beitrag veröffentlichen
lubię to = „Gefällt -mir“-Knopf bei Facebook
liken / lubić = liken, d. h. den „Gefällt- mir“-Knopf drücken
dodać do znajomych = adden, d. h. jemanden in die Kontaktliste aufnehmen.

M

Medien und Kommunikation

51 Maile i internetowa wymiana danych
Mailen und digitale Daten austauschen

Bei mehreren Empfängern: *Szanowni Państwo* (formell) oder *Witam wszystkich* (informell).

eine E-Mail = *e-mail* oder einfach *mail*, die E-Mail-Adresse = *adres e-mailowy*

Szanowny Panie / Szanowna Pani Boniek,	*Sehr geehrter Herr / Sehr geehrte Frau* Boniek,
Drogi Janku / Droga Patrycjo,	*Lieber Janek / Liebe Patrycja,*
Hej Robert,	Hallo Robert,
Dziękuję za *wiadomość / (e)-maila.*	Danke für Ihre *Nachricht / E-Mail.*
W odpowiedzi na Państwa zapytanie z poniedziałku.	Ich antworte auf Ihre Anfrage vom Montag.
To jest jedynie *krótki mail / krótka wiadomość*, aby poinformować Państwa o faktycznym stanie rzeczy.	Dies ist nur eine kurze *Mail / Nachricht*, um Sie über den aktuellen Stand zu informieren.
Dokładne informacje znajdą Państwo w załączonym PDF-ie.	Die genauen Einzelheiten sind im angehängten PDF.
Niestety zapomnieli Państwo o załączniku.	Sie haben leider den Anhang vergessen.
Niestety nie mogę otworzyć danego pliku.	Ich kann leider die Datei nicht öffnen.
Czy możesz przesłać go *jeszcze raz / w innym formacie?*	Kannst du *sie noch einmal senden / ein anderes Format probieren?*
Przesyłam kopię do Anny Szwarc, ponieważ jest odpowiedzialna za …	Ich setze Anna Szwarc CC, weil sie für … verantwortlich ist.
Czy ♂ mógłby Pan / ♀ mogłaby Pani przekazać tę wiadomość do pozostałych osób?	Würden Sie das bitte an alle Betroffenen weiterleiten?

Proszę wybaczyć, że tak długo (m) zwlekałem / (f) zwlekałam z odpowiedzią.	Bitte entschuldigen Sie, dass ich erst so spät antworte.
(m) Musiałem / (f) Musiałam omówić tę sprawę *z moim szefem / z moją szefową*.	Ich musste mit *meinem Chef / meiner Chefin* Rücksprache halten.
Mam nadzieję, że już wkrótce skontaktuje się ♂ Pan / ♀ Pani z nami.	Ich freue mich, bald von Ihnen zu hören.
Serdecznie pozdrawiam	Mit freundlichen Grüßen
Z najlepszymi życzeniami	Mit den besten Wünschen
Obejrzyj to sobie na YouTubie. Przesyłam ci linka.	Schau dir das auf YouTube an. Hier (ist) der Link.
Zamieszczę te zdjęcia na serwerze.	Ich lade die Bilder auf den Server hoch.
Mam problem, żeby się zalogować.	Ich habe Probleme, mich einzuloggen.
Cały czas ukazuje mi się błąd.	Ich bekomme ständig diese Fehlermeldung.
Czy ♂ zainstalowałeś / ♀ zainstalowałaś już *tę najnowszą aktualizację / ten najnowszy update*?	Hast du das neueste Update schon installiert?
♂ Przeprowadziłeś / ♀ Przeprowadziłaś już synchronizację?	Hast du schon synchronisiert?

sich einloggen = *zalogować się*, sich ausloggen = *wylogować się*, downloaden = *ściągać / ściągnąć z internetu*

Gut zu wissen!
So lauten die gängigen Symbole und Kürzel in E-Mail- und Web- Adressen:

@ = at / małpa	- = myślnik
/ = slash	\ = backslash
. = kropka	.pl = kropka pl (sprich: pe el)

Übrigens: www wird „wuwuwu" ausgesprochen.

M

Medien und Kommunikation

52 Listy i kartki pocztowe
Briefe und Karten schreiben

Natürlich beschränken sich diese Beispielsätze nicht nur auf Briefe. Sie können sie ebenso gut in formellen E-Mails verwenden.

Szanowni Państwo,	Sehr geehrte Damen und Herren,
do rąk …	zu Händen (z. Hd.) …
Zwracam się / Piszę do Państwa, aby …	Ich schreibe Ihnen, um …
… zapytać o …	… mich über … zu erkundigen.
… podziękować Państwu za …	… Ihnen für … zu danken.
… potwierdzić, że …	… zu bestätigen, dass …
… powiadomić Państwa iż …	… Sie von … zu unterrichten.
… poinformować Państwa, że jestem (m) niezadowolony / (f) niezadowolona.	… Ihnen mitzuteilen, dass ich unzufrieden bin.
Nawiązując do naszej rozmowy telefonicznej w ostatnią środę …	In Bezugnahme auf unser Telefongespräch vom letzten Mittwoch …
Załączam plik w formacie PDF.	Ich füge eine PDF-Datei bei.
Z przyjemnością informuję ♂ Pana / ♀ Panią, że …	Ich freue mich, Ihnen sagen zu können, dass …
Z przykrością informuję ♂ Pana / ♀ Panią, że …	Ich bedauere, Ihnen mitteilen zu müssen, dass …
(m) Chciałem / (f) Chciałam przeprosić ♂ Pana / ♀ Panią za wszelkie zaistniałe niedogodności.	Ich entschuldige mich für die Unannehmlichkeiten, die Ihnen entstanden sind.

W razie pytań jestem do ♂ Pana / ♀ Pani dyspozycji.	Für weitere Fragen stehe ich Ihnen gerne zur Verfügung.
Z poważaniem / Z szacunkiem	Hochachtungsvoll
Serdecznie pozdrawiam / Łączę pozdrowienia	Mit freundlichen Grüßen
Jest super.	Wir haben eine tolle Zeit.
Pogoda jest wspaniała.	Das Wetter ist fantastisch.
Plaża jest przepiękna.	Der Strand ist hervorragend.
Ludzie są naprawdę bardzo mili.	Die Menschen sind wirklich nett.
Nie tęsknie za pracą – ani trochę.	Die Arbeit fehlt mir kein bisschen.
Dużo *zwiedzaliśmy / oglądaliśmy* i oczywiście wydaliśmy zbyt dużo pięniedzy.	Wir haben viel gesehen und viel zu viel Geld ausgegeben.
Mam nadzieję, że u was wszystko w porządku.	Ich hoffe, bei euch ist alles in Ordnung.
Cieszymy się już na was po naszym powrocie.	Wir freuen uns schon auf euch, wenn wir wieder da sind.
Jeszcze raz wielkie dzieki za to, że troszczysz się *o kota / o kwiaty*.	Danke noch einmal, dass du dich um die *Katze / Pflanzen* kümmerst.
Życzę ci udanych urodzin!	Genieß deinen Geburtstag!
Miłego dnia.	Ich wünsche dir einen schönen Tag.
Myślami jesteśmy z tobą.	Wir denken an dich.
Pozostaniemy w kontakcie.	Wir bleiben in Kontakt.

Z poważaniem / Z szacunkiem ist sehr förmlich und entspricht in etwa dem deutschen „Hochachtungsvoll".

In diesem Abschnitt finden Sie einige weniger formelle Wendungen für Post- und Grußkarten, die Sie natürlich auch in E-Mails verwenden können. „Postkarte" heißt übrigens *kartka pocztowa*.

Standardwendungen für Grußkarten finden Sie auch in Kapitel 21. Und die richtigen Worte für weniger fröhliche Anlässe finden Sie in Kapitel 22.

Gut zu wissen!
Der große Einfluss der neuen Medien hat bewirkt, dass auch die schriftlichen Umgangsformen im Polnischen weniger förmlich geworden sind. Trotz allem empfiehlt es sich aber bei neuen Kontakten, zunächst auf formelle Ausdrücke zurückzugreifen. Achten Sie in Briefen oder formellen Schreiben immer darauf, die Anredeformen *Pan / Pani / Państwo* großzuschreiben.

KÖRPERSPRACHE UND GESTEN

Verallgemeinerungen sind immer schwierig und riskant, aber insgesamt kann man sagen, dass die Häufigkeit, mit der Gesten im täglichen Leben eingesetzt werden, auch mit der geographischen Lage des jeweiligen Landes zusammenhängt. So benutzen Südländer viel öfter ihre Hände beim Reden als die Bewohner des Nordens (zu denen auch die Polen gehören).

Somit können die interkulturellen Unterschiede in der Körpersprache leicht zu falschen Interpretationen und Missverständnissen führen. Eine herzlich gemeinte Geste kann hier und dort bewirken, dass man in ein böses Fettnäpfchen tritt oder seinen Gegenüber sogar verärgert.

In Polen sind viele Gesten weit verbreitet, die auch in den englischsprachigen oder deutschsprachigen Ländern benutzt werden.

Weit verbreitete Gesten in Polen

Wenn der Daumen nach oben zeigt, bedeutet das, wie auch in den englischsprachigen Ländern: *Dobrze. / OK.*

Ist der Zeigefinger in Richtung des Gesprächspartners gerichtet, so will der Redner seine Aussage verstärken oder seine Argumente in den Vordergrund stellen. Der begleitende Spruch könnte dann lauten: *To ci powiem!* (Das (eine) sag ich dir!)

Statt *mniej więcej* (mehr oder weniger) zu sagen, bewegt man oft die offene Handfläche hin und her.

Reibt man den Daumen an den Fingerkuppen oder am Zeigefinger, so geht es in der Regel ums Geld. Eine Geste, die besonders bei Straßenhändlern oder Souvenirladen-Besitzern beliebt ist, aber auch bei denjenigen, die etwas kaufen wollen und nach dem Preis fragen: *Ile to kosztuje?* (Was kostet das?)

Ein kurzer Schlag mit der offenen Handfläche an die Stirn gilt vielleicht nicht als besonders elegant, ist aber weit verbreitet. Verwendet wird diese Geste immer dann, wenn man etwas vergessen hat, begleitet von einem *Skleroza!* (Man, bin ich verkalkt!) oder aber dann, wenn jemand etwas Unpassendes gesagt hat: *Strzelił gafę.* (Er ist ins Fettnäpfchen getreten.) Es ist quasi eine Art Selbstbestrafung für die eigenen grauen Zellen.

Es gibt aber in Polen auch einige landesspezifische Gesten. Dazu gehört zweifellos die *Gest Kozakiewicza* (Kozakiewicz-Geste), bekannt auch unter der recht ordinären Bezeichnung *wał*. Dabei wird der eine Arm im Ellbogen gebogen (hochgezogen) und mit dem anderen Arm gekreuzt. Diese Geste erinnert an den polnischen Stabhochspringer *Władysław Kozakiewicz*, der während der Olympischen Sommerspiele 1980 in Moskau diese Geste dem pfeifenden russischen Publikum zeigte, nachdem er zuvor die Goldmedaille im Stabhochsprung gewonnen und zugleich einen neuen Weltrekord in dieser Disziplin aufgestellt hatte. Diese Geste galt und gilt immer noch als starke Beleidigung und bedeutet so viel wie „Ihr könnt mich mal!“.

GRAMMATIK

Der **Infinitiv** vieler polnischer Verben endet auf ***-ć***, z. B.: *kupować* (kaufen), *robić* (machen), *pytać* (fragen), *rozumieć* (verstehen). Wichtige unregelmäßge Verben sind *być* (sein) und *mieć* (haben). Die meisten polnischen Verben haben zwei Aspekte: den **unvollendeten** und den **vollendeten.** Die unvollendeten Verben beschreiben Handlungen, die andauern oder immer wieder stattfinden *(robić)*. Die vollendeten Verben hingegen beschreiben abgeschlossene Handlungen *(zrobić)*. Alle Verben im **Präsens** werden in vier Konjugationsgruppen aufgeteilt. Den Konjugationstyp erkennt man an der Endung der 2. Person Singular:

Präsens	***kupować***	***robić***	***pytać***	***rozumieć***	***być***	***mieć***
ty (du)	*kupujesz*	*robisz*	*pytasz*	*rozumiesz*	***jesteś***	***masz***
pan / pani (Sie)	*kupuje*	*robi*	*pyta*	*rozumie*	***jest***	***ma***
wy (ihr)	*kupujecie*	*robicie*	*pytacie*	*rozumiecie*	***jesteście***	***macie***

Im Polnischen gibt es nur eine **Vergangenheitsform**, die gebildet wird, indem man an den Infinitivstamm das Suffix ***-ł-*** (Singular) und ***-li-*** oder ***-ły-*** (Plural) anhängt:

Präteritum	***kupować***	***robić***	***pytać***	***rozumieć***	***być***	***mieć***
ty (du)	* *kupowałeś / kupowałaś*	*robiłeś / robiłaś*	*pytałeś / pytałaś*	*rozumiałeś / rozmumiałaś*	***byłeś / byłaś***	***miałeś / miałaś***
pan / pani (Sie)	* *kupował / kupowała*	*robił / robiła*	*pytał / pytała*	*rozumiał / rozumiała*	***był / była***	***miał / miała***
wy (ihr)	*kupowaliście*	*robiliście*	*pytaliście*	*rozumieliście*	***byliście***	***mieliście***

* In der 2. Person und bei der „Sie"-Form im Singular gibt es im Präteritum maskuline (*kupowałeś, kupował*) und feminine (*kupowałaś, kupowała*) Endungen.

Das **Futur** wird mit der Zukunftsform des Verbs ***być*** (sein) und dem Infinitiv des entsprechenden unvollendeten Verbs gebildet:

Futur	***kupować***	***robić***	***pytać***	***rozumieć***
ty (du)	*będziesz kupować*	*będziesz robić*	*będziesz pytać*	*będziesz rozumieć*
pan / pani (Sie)	*będzie kupować*	*będzie robić*	*będzie pytać*	*będzie rozumieć*
wy (ihr)	*będziecie kupować*	*będziecie robić*	*będziecie pytać*	*będziecie rozumieć*

Im **Imperativ** werden im Polnischen vor allem zwei Flexionsformen gebraucht: die 2. Person Singular (ohne Endung) und die 2. Person Plural (mit der Endung ***-cie***).

Imperativ	***pisać*** (schreiben)	***czekać*** (warten)	***jeść*** (essen)
ty (du)	***pisz*** (schreib)	***czekaj*** (warte)	***jedz*** (iss)
wy (ihr)	***piszcie*** (schreibt)	***czekajcie*** (wartet)	***jedzcie*** (esst)